Siedlung Pilotengasse Wien

Herzog & de Meuron

Steidle + Partner

Adolf Krischanitz

Mit Beiträgen von

Dietmar Steiner

Arthur Rüegg und Martin Steinmann

Dorothee Huber

Manfred Sack

Friedrich Achleitner

Photos von

Margherita Krischanitz

Artemis

Zürich · München · London

Folgende Organisationen und Firmen haben das Zustandekommen dieses Buches mit einem finanziellen Beitrag unterstützt:
Österreichisches Siedlungswerk, Wien
Sikkens GesmbH, Elixhausen
Wienerberger Ziegelindustrie GesmbH, Wien

Gestaltung: Robert & Durrer, Zürich

Alle Rechte, einschließlich derjenigen des auszugsweisen Abdrucks und der photomechanischen Wiedergabe, vorbehalten.

© 1992 Artemis Verlags-AG, Zürich
ISBN 3-7608-8094-0

Dietmar Steiner	Pilotengasse	6
Arthur Rüegg und Martin Steinmann	Materialfarbe und Farbenfarbe. Zur Gestaltung der Häuser an der Pilotengasse	14
Margherita Krischanitz	Die Siedlung in Farbphotographien	25
Dorothee Huber	Mimik und Gestik Der Beitrag von Herzog & de Meuron	43
Manfred Sack	Die angedeutete Mitte Der Beitrag von Steidle + Partner	59
Friedrich Achleitner	Die Siedlung als Siedlung Der Beitrag von Adolf Krischanitz	75
Anhang	Technische Daten	90
	Farbtafel	92
	Kurzbiographien der Architekten	94
	Autoren- und Bildnachweis	96

TOBIAS
  & PARTNER
Architekten
    + Ingenieure
Gilmstraße 66
81377 München
Tel./Fax: 089/7147571

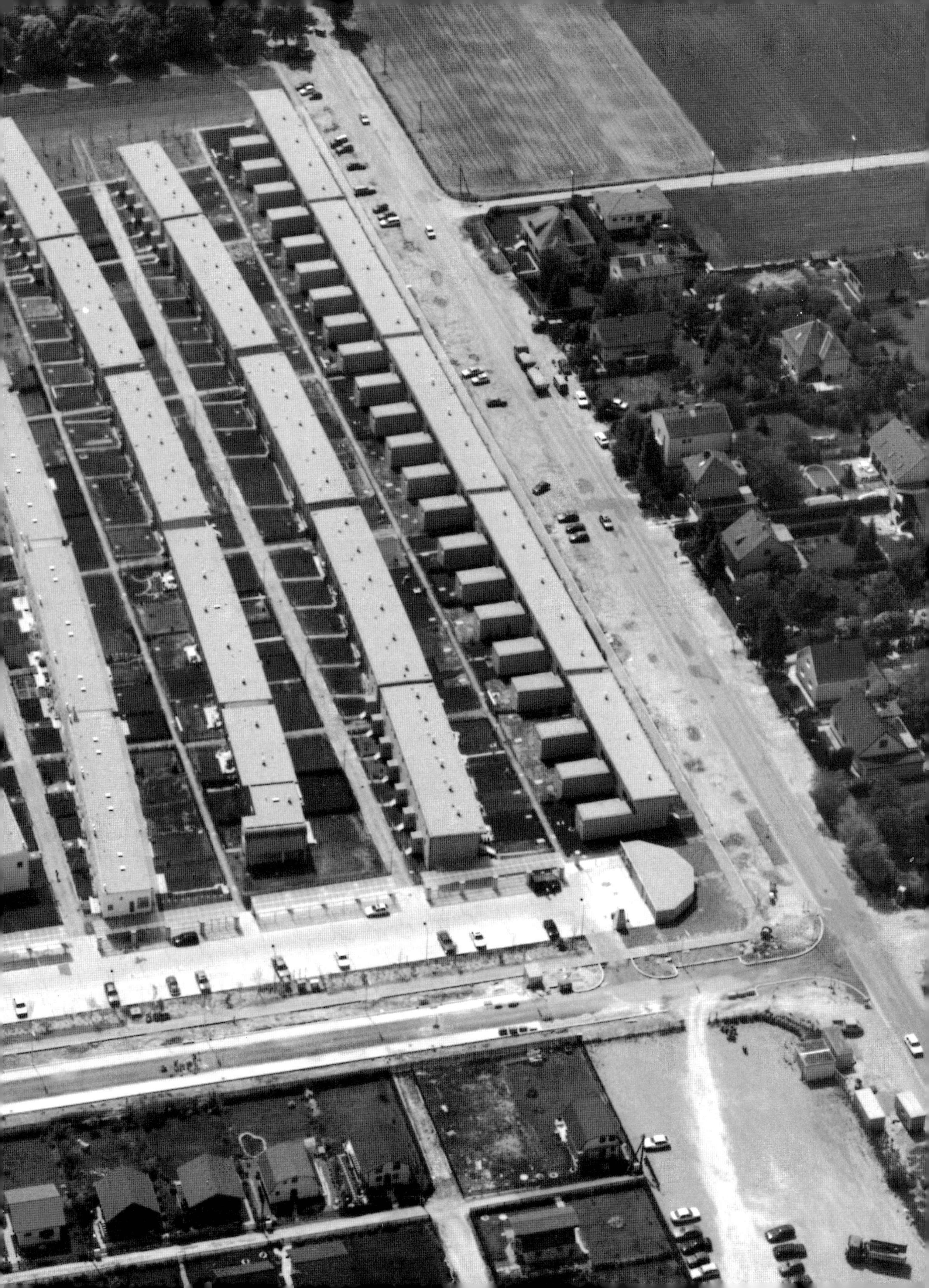

Dietmar Steiner
Pilotengasse

Wien-Aspern, Siegesplatz.

Der Stadtrand ist wie der Stadtrand jeder Stadt. Dieser hier ist in Wien, die Gegend heißt Aspern, ein alter Dorfkern wird von einer Durchzugsstraße durchschossen und in der Nähe ist ein altes Flugfeld (Pilotengasse!). Dort baut heute General Motors Motoren, umstellt von den Stadterweiterungen der sechziger und siebziger Jahre, neben Siedlungen der Zwischenkriegszeit und jenen Einfamilienhäusern der Nachkriegszeit mit den obligaten Autowracks im Garten. Nur als atmosphärischer overkill kann dabei noch die Nähe zu einem der größten Autokinos Europas gerechnet werden; mit drei Leinwänden und dem spröden Charme einer seltsamen Mischung aus dem american dream der fünfziger Jahre und Resten einer Ostblock-Kultur. Der Ort der Handlung liegt an der Rückseite des Dorfkerns, wo ehemals die Scheunen standen und sich dann die Felder ausbreiten.

Eine Erklärung der Siedlung Pilotengasse in Wien könnte mit der grundsätzlichen Frage der Architekturdebatte der achtziger Jahre beginnen, mit der Verschiebung der Aufmerksamkeit vom Zentrum zur Peripherie. Wir erinnern uns: Die Postmoderne (als Stil) war eine Suche nach der Zeichensprache, war ein Versuch, die Architektur mit Ideolekten des alltäglichen Gesprächs zu munitionieren. Andere, sich ungebrochen «modern» verstehende Haltungen wie der «Kontextualismus» und der «kritische Regionalismus» versuchten den «Ort» wieder zu entdecken, der Architektur eine Verknüpfung mit dem Kontext, mit der Typologie der Umgebung zu ermöglichen. Drei Wörter nur und doch zentrale Begriffe einer methodischen Haltung: Zeichen, Kontext und Typologie.

Aktuell zum Stand dieser Debatte wurde in Wien die Siedlung «Biberhaufenweg» (ab 1982) entwickelt. Keine Siedlung eigentlich, mehr ein Dorfzentrum, ein Kristallisationspunkt wurde geschaffen, für eine künftig sich entwickelnde Siedlung. Ein Musterbeispiel für typologisches Entwerfen. Heinz Tesar schuf einen «Platz», als ein urbanes Zentrum, Carl Pruscha einen «Anger», so wird die meist linsenförmige kommunale Wiese im Zentrum der ländlichen Siedlungen dieser Gegend genannt, und Otto Häuselmayer eine «Gasse», so als ob sich hier die Stadt bewegen und entwickeln würde. Platz, Anger und Gasse waren die typologischen Bestandteile dieses klitzekleinen Wohnbauprojekts inmitten der Wiener Peripherie, am Rande von Aspern, in einem freien Feld. Man dachte damals urbanistisch. Man hoffte, daß sich die «Gasse» fortsetzen würde, daß der «Platz» ein Zentrum für künftige Entwicklungen werden würde, daß der «Anger» seine lineare Strahlkraft zur Anwendung bringen könnte. Das pragmatisch schnelle Ende dieser Utopie war schon gegeben, als sich der ignorante Eigennutz der Anrainer dreidimensional gebaut verwirklichte.

Man kann heute dieses Konzept kritisieren – und vor allem die jungen Architekten tun dies, diese kalte, harte «Stahl-Glas-Generation», architektonisch sozialisiert in den geschichtslos gewordenen achtziger Jahren, die zum Vatermord der «Postmodernen» angetreten sind –, sie vermerken jetzt altweis, daß der «Biberhaufenweg» typologisch überladen war, daß sich mit insgesamt 48 Wohneinheiten keine dreifache Gestalt – mit Platz, Anger, Gasse – bilden läßt. Das mag aus heutiger Sicht richtig sein. Historisch inzwischen aber unbestreitbar bleibt, auch wenn die Mode derzeit in die Gegenrichtung schwingt: Es war eine beispielhafte architektonische Initiative, genährt vom Geist des typologischen und kontextualen Denkens der späten siebziger Jahre. Kein Fehlschlag, weil die Wirklichkeit nicht der Idee folgen wollte, sondern ein getreuliches Abbild des Standes der Diskussion der Architektur war.

Warum der «Biberhaufenweg» hier am Beginn strapaziert wird, hat einen zweifachen Grund. Zum einen läßt sich ein legitimer Vergleich anstellen, zwischen einer Siedlungsidee wie dem «Biberhaufenweg» vom Beginn der achtziger Jahre und jener der «Pilotengasse», die zudem nur wenige hundert Meter voneinander entfernt sind, vom Ende dieses Jahrzehnts. Zum anderen war der Initiator beider Siedlungen, des «Biberhaufenweges» ebenso wie auch der «Pilotengasse», die «Werkstatt Wien», eine Firma für Projektentwicklung und -betreuung.

Siedlung «Biberhaufenweg» (1982–1985), Wien-Aspern.

Die «Werkstatt Wien» wurde vor zehn Jahren gegründet, damals noch unter dem sperrigen Titel «Gesellschaft für Wohnungs-, Wirtschafts- und Verkehrswesen», kurz GWV genannt. Ihr vorherrschendes Aufgabengebiet war zunächst die architektonische Beratung von Bauträgern des sozialen Wohnungsbaus und die Abwicklung von technischen und organisatorischen Teilleistungen wie Ausschreibung, Bauüberwachung, Bauleitung dieser Wohnbauprojekte. Ihr Ziel: eine umfassende Verbesserung der Qualität des sozialen Wohnungsbaus ohne spezielle Sonderprogramme, sondern unter den finanziellen und bürokratischen Bedingungen der normalen Produktion des geförderten Wohnungsbaus.

Zu diesem Zweck hat sich die «Werkstatt Wien» bei den jeweiligen anstehenden Projekten schon sehr frühzeitig in die Programmdefinition der Bauaufgaben eingeschaltet, Rahmenbedingungen untersucht und nach den daraus entwickelten inhaltlichen Kriterien Architekten ausgewählt und den Bauträgern vorgeschlagen. Bei kleineren Aufgaben kam es so zu Direktbeauftragungen von Architekten, bei größeren fanden meist Gutachterverfahren statt. Bei den Beispielen «Biberhaufenweg» und «Pilotengasse» wurde eine andere Vorgangsweise bei der Projektentwicklung gewählt. Es wurden Vorstudien gemacht, Zielvorstellungen formuliert, Arbeitsgespräche veranstaltet und die ausgewählten Architekten einem umfangreichen Briefing unterzogen. Handelte es sich beim «Biberhaufenweg» ausschließlich um qualitativ entsprechende Wiener Architekten, so wurde für die «Pilotengasse» die ein wenig artifiziell anmutende Überlegung gewählt, einen deutschen, einen schweizerischen und einen österreichischen Architekten dialogisch eine gemeinsam vertretene Lösung entwickeln zu lassen.

Es waren die Vorgaben beim «Biberhaufenweg» stark planungstheoretisch orientiert, indem beim Programm Verbindungen zum Bezirksentwicklungsplan hergestellt und Themen wie «privat-öffentlich» sowie die Infrastruktur in Arbeitsgesprächen (u. a. mit Lucius Burckhardt) diskutiert und den Architekten mit auf den Weg gegeben wurden, bis hin zu einer Formulierung eines grundsätzlichen Masterplans. Für die «Pilotengasse» wurden – unter Leitung von Doz. Dr. Wilfried Posch – städtebauliche und siedlungsstrukturelle Untersuchungen für das Prinzip des Siedelns am Stadtrand angestellt. Die Auswahl der Architekten erfolgte dann durch die «Werkstatt Wien», mit dem Bestreben, hier bewußt verschiedene lokale zentraleuropäische Kulturen zu konfrontieren. Es beruhte in der Folge auf einer qualitativen Beobachtung der Architekturszenen der Schweiz, Deutschlands und Österreichs, die zur – erfüllten – Wunschkonstellation von Herzog & de Meuron, Steidle & Partner und Krischanitz führte. Aufgrund des lokalen Vorteils kam es naturgemäß zu einer logistischen und organisatorischen Federführung des Projekts durch Adolf Krischanitz, der übrigens von Anfang an der von der «Werkstatt Wien» vorgeschlagenen Auswahl und Konstellation der Architekten glücklicherweise vollinhaltlich folgen wollte und konnte.

Man kann heute behaupten, nach einem Jahrzehnt «Werkstatt Wien», daß es dieser Organisation gelungen ist, den sozialen Wohnbau in Wien für eine Vielzahl von qualifizierten Architekten zu öffnen, ihnen die Chancen einzuräumen ihre Ideen zu verwirklichen. Der Großteil der besten Wohnbauten Wiens des letzten Jahrzehnts sind durch die Mitwirkung der «Werkstatt Wien» entstanden. (Bauten von: Abraham, Christen, Cufer, Czech, Fonatti, Gerngroß, Gruß, Gsteu, Hagmüller, Hempel, Katzberger, Kneissl, Kurrent, Lainer & Auer, Loudon, Mistelbauer, Podrecca, Probst, Pruscha, Reinberg, Richter, Schweighofer, Spalt, Stelzhammer, Tesar, etc.) Da diese Bauten nicht nur von verschiedenen Architekten entworfen, sondern auch von verschiedenen Bauträgern errichtet wurden, ohne daß diese Initiative als Sonderprogramm bezeichnet wurde, ist der verbindende Beitrag der «Werkstatt Wien» nicht durchgehend erkennbar. So sind über die Grenzen Österreichs hinaus die «Vorarlberger Baukünstler», das «Salzburg-Projekt» und die Wohnprojekte des «Modells Steiermark» bekannt, wogegen der damit vergleichbare Beitrag der «Werkstatt Wien» für die Architekturentwicklung Wiens unter dem brand-name der Stadt selbst und ihrer Szene subsummiert wird.

Die Entwicklung einer Siedlungsidee
Die Geschichte eines Projekts des sozialen Wohnungsbaus beginnt heute in Wien auf eine, gelinde gesagt, etwas eigenständige Art und Weise. Der eigentliche Bauträger, meist eine Gesellschaft mit dem Status der Gemeinnützigkeit, bekommt ein Grundstück nur über den «Wiener Bodenbereitstellungs- und Stadterneuerungsfonds». Dieser Fonds tätigt seit 1984 alle Ankäufe von Grundstücken für den sozialen Wohnungsbau und ist auch zuständig für die Vorbereitung und Durchführung aller Maßnahmen zur Stadterneuerung. Der Fonds kauft also die Grundstücke, legt die Dichte und Ausnutzung fest, bestimmt den Preis, und bietet sie den einzelnen Bauträgern an.

Diese müssen dann die Bauten im Rahmen der Förderungsmittel abwickeln und haben somit nur eine äußerst eingeschränkte Möglichkeit, die vorgegebene Ausnutzung des Grundstücks zu verändern.

Die zweite Stufe einer Projektentwicklung, die Gutachten zur Bebauungsform nach den vorgegebenen Parametern, und die dritte Stufe, die Auswahl der Architekten, übernahm im konkreten Fall der «Pilotengasse» wie erwähnt die Werkstatt Wien. Der mit all diesen Vorgaben umzingelte Bauträger war das «Österreichische Siedlungswerk», der in der Folge vom Konzept und der Architektur erst überzeugt werden wollte, um dann mit Engagement die Errichtung der Siedlung auch zu verantworten.

Doch nun schlug die Stunde der «Idee». Die ausgewählten Architekten wurden zu einem ersten gemeinsamen Termin nach Wien eingeladen, sie wurden mit den Rahmenbedingungen der Aufgabe vertraut gemacht, und es erfolgte die erste gemeinsame Besichtigung des Bauplatzes der Siedlung «Pilotengasse». Dieser Tag des ersten direkten Kontaktes mit dem so allgemeinen und nun konkret gewordenen Ort war entscheidend für die weitere städtebauliche und architektonische Entwicklung der Idee dieser Siedlung.

Es war dies der 9. Februar 1987, Spätwinter also, die Ackerfurchen lagen frei, schlammig und warm, wie ein Sinnbild der offenen, verletzten Erde, die durch die Qualität der Architektur wieder versöhnt werden will. Dazu kam die Erfahrung der Peripherie, das freie Land war unmittelbar allgegenwärtig. Ein Feld, sonst nichts, einige bescheidene Einfamilienhäuser am Rande des Grundstücks. Das Dorf, das Zentrum, war mit dem alten Ortskern von Aspern schon vorhanden. Ein Straßendorf mit Hinterseite, mit ausufernder Bebauung in das umliegende Ackerland.

Bauplatz der Siedlung «Pilotengasse», Aufnahmen 1987.

Ich versuche die Überlegungen nachzuvollziehen, die zur nunmehrigen städtebaulichen Lösung führten. Denn schließlich standen hier im Niemandsland nicht alle, wie am Stand der Architekturdebatte erwähnt, aber viele Optionen zur Wahl. Ein freies Land, frei für jedes Bild, jedes Modell von Stadt, von Land, von Ort und Besiedlung – die berühmte «grüne Wiese», die ihre Unschuld aber inzwischen verloren hatte. Die «grüne Wiese» war Ende der achtziger Jahre rein architektonisch gesehen nicht mehr so ohne weiteres verfügbar für jedes mögliche Bild oder Modell.

An dieser Stelle taucht es wieder auf, das Bild des «Biberhaufenweges», mit seiner autarken Setzung einer Figur, die eine Mitte im Nirgendwo schaffen sollte. Dieses Bild war inzwischen zu einem Feindbild der Architekturdebatte geworden. Die Debatte der Architektur war sich inzwischen der Aussichtslosigkeit bewußt geworden, durch eine derartige formale Setzung den Rand der Stadt gestalthaft definieren und fokussieren zu können.

Eine neue Frage suchte nach einer architektonischen Antwort. Es war die Frage nach der Erfahrung der Peripherie. Kann man, heute und hier und jetzt, einen virtuellen «Ort» erfinden mitten in einer ausufernd dispersen Umgebung, die konstitutiv ist, für eine allüberall gleiche Lage am Rande der Stadt? Die Reaktion auf diese Frage war in den

9

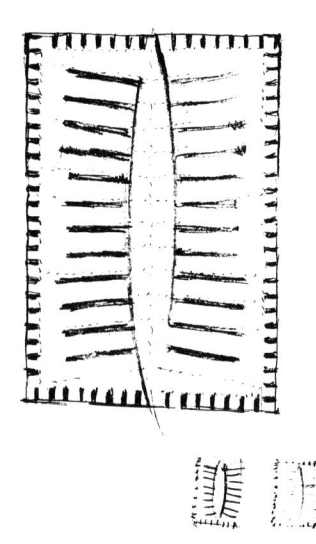

Erste Situationsskizzen
von Herzog & de Meuron, 1987.
Bleistift auf Transparentpapier
(oben), Bleistift und Kohle
auf Papier (unten).

ersten Gesprächen zunächst radikal. Ich erinnere mich noch an jene erste Idee von Jacques Herzog, rund um den Bauplatz eine hohe Wand, bedeckt mit warmem und weichem, schwarz schmierigem Asphalt, zu errichten, um die Autarkie des inneren Territoriums zusätzlich zu betonen. Das Kastell mit der schwarzen Asphaltwand war eine der Ideen des Beginns.

Herzog, de Meuron und Krischanitz, assistiert vom Mitarbeiter Steidles, drangen an diesem Tag immer tiefer ein in den Ort. Eine doppelte Stadtmauer, das Grundstück direkt aus der Umgebung herausstechend, tauchte auf, eine doppelte Mauer, dazwischen frei die Wohneinheiten parasitär angesiedelt. Und eine zunächst starke virtuelle Mitte wird gezeichnet, besser: auf das Papier diskutiert, mit dieser so symbolischen Linse, dem Rahmen der Mauer dialektisch entgegengesetzt, mit Stacheln hinaus in die von der Mauer begrenzten Restflächen.

Was sollte dies bedeuten, diese erste Skizze, die bekanntlich die ganze kreative Idee versammelt und fixiert? Der Rahmen, die Stadtmauer, ist eine starke Form. Und noch mehr ist die Linse eine autarke Gestalt mit Anfang und Ende und deutlicher Mitte. Analytisch gesehen wurden hier zwei widerstrebende Tendenzen fixiert. Da ist die Tatsache, daß eine Siedlung dieser Größenordnung unweigerlich sich von ihrer Umgebung ausgrenzt, eine neue Sozietät in ein gegebenes, aber ebenso unbekanntes wie undefinierbares Flechtwerk implantiert. Und da ist die Betonung der Unmöglichkeit, diese neue Siedlung in eine gleichwertige Beziehung zum Umfeld zu bringen. Sie ist sich selbst ihre Mitte, weil es eigentlich keine Mitte dafür mehr geben kann.

Diese erste, von den Architekten der Pilotengasse verdichtete und weiter entwickelte Idee, hat sich in Wien an einem anderen Beispiel, einer Siedlung in der Peripherie, realisiert. Praktisch gleichzeitig wurde im Süden Wiens das Konzept der Siedlung «Traviatagasse», auch betreut von der «Werkstatt Wien», entschieden. Hier setzte sich das Konzept von Raimund Abraham durch, das einer wild und unkontrolliert wuchernden Peripherie ein radikal geometrisches Bild wie eine Festung des privaten Wohnens entgegensetzte.

Die Idee der Stadtmauer für die «Pilotengasse» wurde aber schon in diesem ersten Gespräch konterkariert von einem weiteren Topos der Peripherie. Dem Topos der Ortlosigkeit. Und da ist sie wieder, die Frage nach der Mitte, die sich in der geschlossenen Linse artikuliert hatte. Braucht Siedeln heute diese Mitte, war die Frage, die zunächst mit einem «filmischen Begriff» der Alltagskultur beantwortet wurde. Und man erinnerte sich an James Dean, an den Film «denn sie wissen nicht, was sie tun», wo sich die Jugendlichen mit ihren Autos einen Ort suchten, den sie zum peripheren Zentrum machten, um ihre Machtkämpfe auszutragen.

So wurde zunächst mit der Linse ohne Mauer eine «virtuelle Mitte» artikuliert und die Stadtmauer der Siedlung überwunden. Die Linse, eine geschotterte Fläche sollte sie sein, leicht abgesenkt zu ihrem Zentrum hin, wo Werktag abends und feiertags die Jugendlichen mit Mopeds und Autos herumkurven, kommunizieren, umhüllt von ihren

Potenzmaschinen. Das bewußt periphere wilde Gegenbild zu den so ordentlich aufgeräumten möblierten Plätzen der so ordentlich aufgeräumten Stadtrandsiedlungen.

Siedeln heute

Dieser persönliche Eindruck, der eine Debatte der Architekten der «Pilotengasse» nachzeichnen wollte, soll vermitteln, daß der architektonische und städtebauliche Anspruch grundsätzlich war. Man wollte, und das darf unterstellt werden, eine grundsätzliche und verallgemeinerbare Haltung zum allüberall gleichen Problem des Siedelns am Stadtrand finden.

Dabei war und ist eine Hypothek abzutragen, die bei den beteiligten Architekten wahrscheinlich nur unterbewußt wirksam war. Die Hypothek nämlich, daß es inzwischen eine marktwirtschaftliche, eine angebotsorientierte Architektur für diese Aufgabe gibt, die sich ganz grundsätzlich von der inneren Debatte der Entwicklung der Architektur unterscheidet, ja losgesagt hat.

Diese marktwirtschaftliche Architektur beginnt, verkürzt in diesem Zusammenhang für das «Siedeln», mit Rolf Kellers «Seldwyla» (1975–1978) bei Zürich und hat ihren Grund in der Ausdifferenzierung des Mittelstands in kleine Glaubensgemeinschaften. Vereinigte «Seldwyla» die Bewohner der Siedlung nur unter einer formalen Übereinkunft eines gemeinsamen Bekenntnisses zum «Ibiza-alpinen»-Wohnstil, so führten Siedlungen mit partizipatorischem Anspruch im Stil des «einfachen Bauens» diesen mittelständischen Isolationismus mit anderem formalen und organisatorischen Anspruch fort.

Praktisch zeitgleich entstand die ideologische Inkarnation dieser neuen Siedlungsbewegung. Es war die Fernsehserie «Nummer Sechs», die gewiß nicht zufällig in Clough William-Ellis' «Portmeirion» gedreht wurde und den isolationistischen Totalitarismus einer mittelständischen Kleingemeinschaft auf die Spitze trieb und sie mit einer technokratischen Weltverschwörung verband.

Siedlung «Seldwyla» (1975–1978) bei Zürich.

Die siedlungsgeschichtlich logische Entwicklung, von «Seldwyla» ausgehend, mündet, vermittelt durch die marktwirtschaftlich mittelständische Ästhetik der Krier-Schule, im inzwischen berühmt gewordenen «Seaside-Resort» in Florida. Anfang der achtziger Jahre hat sich ein Developer entschlossen, den Traum Floridas zu errichten, und die Architekten Andrés Duany und Elizabeth Plater-Zyberk haben ein Feriendorf total nach den Regeln und Gesetzen Leon Kriers entworfen. Man sollte sich über die putzigen pastellfarbenen Holzhäuser im Südstaaten-Stil nicht lustig machen, sie auch nicht als marktgerechte Ferienidylle beiseite wischen. Das «Seaside-Resort» war im Verlauf der achtziger Jahre das meistpublizierte und meistdiskutierte, selbstverständlich auch meistgelobte Siedlungsmodell der Vereinigten Staaten. Nicht nur H. R. H. Prince Charles fand lobende Worte, es wurde auch mit praktisch allen Preisen für beispielhaften Städtebau ausgezeichnet.

«Seaside-Resort»
(1980 ff.) in Florida.

Warum schmuggelte ich hier so prononcierte Marktmodelle wie «Seldwyla», «Portmeirion» oder eben «Seaside» in die Debatte? Sicherlich zunächst deshalb, weil ähnliche Modelle in nächster Zeit zu erwarten sind, harmlosere und heute noch formal stümperhafte Ansätze sind schon zu erkennen, und die Fertighausindustrie hat den amerikanischen Weg der stilistischen Einkleidung bereits beschritten. (Erste Ansätze dazu sind in der nördlich benachbarten Schrebergarten-Siedlung schon zu besichtigen.) Ein weiterer Grund ist, daß der Bauträger dem Siedlungsmodell der «Pilotengasse» zunächst reserviert gegenüberstand, und – genährt und aufgeklärt vom malerischen «Biberhaufenweg» – die rigide Zeilenbebauung als «unkünstlerisch» bezeichnete. Und es bleibt als dritter Hinweis die unleugbare soziologische Tatsache, daß jede neue Siedlung dieser Größenordnung eine Insellage bildet, autark in der Umgebung schwimmt, eigene Rituale entwickelt – und das ist allein ein Faktor der Größe, ein städtebaulicher Wert, und hat nichts mit der Architektur der Siedlung zu tun.

Eine Entwicklung also, die strukturell auch jeder wie immer formal konzipierten europäischen «Siedlung» innewohnt. Jede neue Siedlung, das heißt jede Ansammlung von Wohnbauten nach einem Entwurf, als singuläre Maßnahme hat das Schicksal, eine soziologische Insel zu definieren und zu verantworten. Wer diesen Zustand des «Behausens» reflektiert und die Aufgabe der Architektur dafür zu definieren versucht, verfällt unweigerlich einem ästhetisch egalitären Modell, das Möglichkeiten, Optionen, offen hält. Verweigert wird dabei die individuelle Verortung durch «Form», angeboten wird die individuelle Verortung durch «Nutzung». In diesem Geist oder Sinne entwickelte sich die «Pilotengasse» immer mehr weg von der Idee der künstlichen Kleinstadt, deshalb wurde die Asphaltwand des Kastells ebenso verworfen wie die virtuelle Mitte der sentimental kollektiven automobilen Begegnung.

Es entstand eine neue, eine aktualisierte Idee einer Gartensiedlung. Sie stand, wie gesagt, nicht am Anfang, sie entwickelte sich im Gespräch der Architekten. Diese Idee geht davon aus, daß es für eine derartige Siedlung an der Peripherie der Stadt keine auch nur virtuelle Mitte mehr gibt. Der alte Siedlungskern ist noch vorhanden, er braucht nicht wiederholt zu werden. Die grundsätzliche Entscheidung besteht darin, die Bebauung des Areals als einen Akt der Versöhnung mit dem Vorhandenen zu sehen. Das Vorhandene, das sind Äcker mit ihren Furchen, das ist die Natur, der Garten am Rande der Stadt. Und zusätzlich die Idee der Gartensiedlung selbst...

Inmitten dieses Gartens sollten sich die einzelnen Einheiten des Wohnens artikulieren, nicht vordergründig benennbar, sondern weitgehend ortlos und doch individualisiert. Vor diesem Hintergrund ist auch die Verweigerung für eine eindeutige Vorder- oder Hinterseite der einzelnen Reihenhäuser zu sehen. Man wohnt «durch», jede Hauseinheit bekam zwei Gärten, einen vor und einen hinter dem Haus, aber wer möchte schon festlegen, welche Seite des Hauses Priorität haben soll.

Das wesentlich irritierende Moment dabei blieb die Figur der Siedlung mit den gekrümmten Zeilen, die jedem Objekt ein anderes Raumverhältnis von vorne und hinten zuwiesen. Bezeichnend für diese egalitäre Haltung der Architektur war die Figur der

Garage als Querspange. Sie sollte ursprünglich im Süden an den alten Ortskern andocken wie ein Bahnhof, von dem dann die Züge der Siedlungszeilen in die freie Landschaft fahren. Anrainereinsprüche haben dies verhindert, und es änderte nichts an der grundsätzlichen Haltung, daß dieser Bahnhof der Garage plötzlich im Norden liegt, um von dort die Züge der Siedlungszeilen abzuschicken. Es ist, so sagen die Architekten, nicht wichtig, wo der Bahnhof, der verbindende Ort der Siedlung liegt. Wichtig ist nur mehr die Bewegung der Siedlungszeilen.

Was ist nun die aktuelle Botschaft der «Pilotengasse»? Sie zeigt ein Siedlungsmodell, das auf keine einzige Vorgabe vordergründig reagiert. Das Grundstück wurde nicht, obwohl dies angedacht war, einfach aus der Umgebung städtebaulich herausgestanzt. Sie changiert geschickt zwischen den Begriffen der Ausgrenzung und der Verbindung mit der Umgebung. Die gekrümmten Zeilen umschließen wie die Schichten einer Zwiebelschale ein – na was – ein Nichts, ein Gleiches, wie jeden anderen Zwischenraum auch. Die Gestalt aber hat ihre deutlichen Grenzen. Die dunkle Wand nach Westen, zur vielbefahrenen Straßenseite. Die Miami-Beach-Villen nach Osten, quergestellt, durchlässig und abwehrend zugleich, und die neue Straße ein Fluß, wo eigentlich Motorboote ankern sollten. Die Plattform der Tiefgarage im Norden, die betonierte Fläche mit Lüftungssäulen und martialischen Ein- und Ausfahrten, ein städtischer Platz fast inmitten des Niemandslandes mit der Kulisse eines Comic-strips aus Schrebergartenhäusern. Und zum Schluß das unheimlich starke Ende im Süden, zum Dorfkern hin, von ihm getrennt durch eine Straße. Dort schwingen die Zeilen aus, in geil aufgestelzten Enden, nochmals die Individualität jeder Reihe pointiert kommentierend. Ein Wäldchen soll diesen Möglichkeitsrand einer Siedlung umgarnen und durchwachsen.

Vom Zentrum, vom alten Ortskern Aspern her gesehen, würde sich die Geschichte also so lesen: Da ist ein vom Verkehr gequältes Angerdorf, die Scheunen an seiner Rückseite sind längst schon Einfamilienhäusern gewichen, dann kommt das freie Land, die Ackerfurchen, aber auf einmal, getarnt von neuer Natur, erwächst ein neues Dorf, eine Siedlungsinsel, die an ihrem Ende, mit dem Platz der Tiefgarage, im Niemandsland einen virtuellen urbanen Ort setzt.

Wo bleibt die Siedlung, wo ist Dorf, wo ist Land – alles ist Peripherie. Das Siedlungsbild «Pilotengasse» ist ein Fraktal in diesem Niemandsland. Abgespeichert ist in diesem Bild eine ganze Geschichte des Siedelns selbst. Nichts ist geklärt, alles ist offen, bei der Wiener «Pilotengasse». Sie ist eine soziologische Insel und versinkt doch in kommender Natur. Sie ist eine städtebauliche Insel, nur verweigert sie das Bekenntnis zu ihrer obwohl vorhandenen Mitte. Sie ist eine architektonische Insel – aber das wollte sie sein, kraft der realisierten und nun vorhandenen Gestalt. Kein Bild nur, sondern ein Gerät, eine Peripherie-Maschine, die nichts weniger thematisiert als die «Behausungsfrage» in dieser Zeit und dieser Umgebung – und darauf eine Antwort gefunden hat, die man nur von einer Disziplin, der Architektur eben, erwarten kann und darf.

Arthur Rüegg und Martin Steinmann
Materialfarbe und Farbenfarbe
Zur Gestaltung der Häuser an der Pilotengasse

Wenige Minuten vor der Landung in Wien zeichnen sich vom Flugzeug aus lange, geschwungene Zeilen ab im Muster aus Feldern und kleinen Häusern, welche den nördlichen Rand der Stadt bilden: die Siedlung an der Pilotengasse[1]. Aber nicht nur die klare Form fällt auf, auch die Farbe, die bestimmte Partien an diesem Morgen im Dezember aufleuchten läßt. Andere dagegen wirken unbehandelt, unfertig.

Später, an der Pilotengasse, zeigt sich, daß diese Unterschiede in unmittelbarer Beziehung zur architektonischen Bearbeitung der Siedlung durch mehrere Architekten stehen. Der Verwendung von Farben für die Teile von Otto Steidle und vor allem von Adolf Krischanitz steht eine Gestaltung der Teile von Jacques Herzog und Pierre de Meuron gegenüber, die auf Farben fast verzichtet.

Es scheint, daß die Verschiedenartigkeit der Konzepte bewußt in Rechnung gesetzt wurde. So bilden Häuser von Krischanitz, außerhalb der Regeln, mit Häusern von Herzog & de Meuron zusammen eine Zeile und erzeugen in deren gewissermaßen farbloser Umgebung einen heftigen Kontrast. Es ergibt sich eine Verschränkung der Teile beziehungsweise der ihnen zugrunde liegenden Konzepte, die einen akzidentistischen Zug in die strenge Form der Siedlung bringt.

Diese Strenge ist eine wichtige Voraussetzung für die gemeinsame Arbeit von Architekten, die, was die Typen nicht weniger als die Formen betrifft, verschiedene Haltungen zum «problème de la maison» einnehmen: sie schafft Einheit. Andererseits gliedern die verschiedenen Architekten die große Siedlung – sie weist rund 200 Häuser auf – in identifizierbare Teile. Die Farbe ist dabei nur *ein* Mittel der Unterscheidung, aber sie springt besonders in die Augen, beispielsweise wenn man durch eine der Gassen zwischen den Häusern schaut, vom Grau von Herzog & de Meuron zum Graublau von Steidle und weiter zum Orange von Krischanitz. Dabei entsteht jene Spannung zwischen den Teilen und dem Ganzen, die eine erste Erfahrung darstellt, wenn man durch die Siedlung geht.

Die Farbigkeit der Teile, die Krischanitz entworfen hat, ist ungewöhnlich, solange man nicht zu den Siedlungen der zwanziger Jahre von Bruno Taut und anderen zurückgeht: Dort hat sie einen festen Platz, von dem sie aber lange verdrängt wurde durch die Vorstellung, diese Architektur sei vorwiegend weiß gewesen. Auf einer geistesgeschichtlichen Ebene hat Hans-Jörg Rieger diese Siedlungen untersucht[2] und dabei die unterschiedlichen Gründe für die Verwendung der Farbe dargestellt.

Sicher die unmittelbarste ist die Verwendung als Schmuck. Da die Farbe nicht viel kostet, bildet sie in der Volksarchitektur meist das einzige Gestaltungsmittel, in Verbindung mit dem Schutz des Materials (Streichen von Holz, Verputzen von Backstein). Diese Tradition des farbigen Hauses ist im 19. Jahrhundert von zwei Seiten her zersetzt worden: vom Klassizismus, der die Farbe gegen das Grau und Weiß vertauschte, und vom Romantizismus, der sie durch die Wirkung des Materials ersetzte (in der niederen Architektur beispielsweise in Form von gelbem und rotem Backstein).

Am Ende des Jahrhunderts stand die Herrschaft der geschichtlichen Form auf Kosten der Farbe. So war gerade die Farbe im Kampf gegen den Historismus ein Mittel, die Architektur – und im besonderen die des Arbeiterhauses – von der «Tyrannei der gebildeten, fremden Formen» zu befreien, wie Adolf Behne schrieb[3], ohne damit auf Gestaltung zu verzichten. Für ihre Wirkung war sie nicht auf Bildung angewiesen; sie vermittelte sich in unmittelbarer Weise. «Darum fort mit allem, was nicht der einfachste Mensch (...) ohne weiteres versteht!», wie Bruno Taut[4] forderte.

Bruno Taut, Siedlung Berlin-Falkenberg, 1913.

In diesem SInn erlaubt die Farbe, sich mit seinem Haus oder allgemeiner mit seiner «Welt» zu identifizieren. Die farbigen Siedlungen vor und nach dem Ersten Weltkrieg waren *auch* ein Protest gegen die Entfremdung, die den Menschen bis in diese Welt hinein bestimmte, und die ihren Ausdruck in den grauen Mietshäusern fand. «Farbe ist Lebensfreude», heißt es in einem Aufruf von 1919, «und weil sie mit geringen Mitteln zu geben ist, müssen wir gerade in der Zeit der heutigen Not (...) auf sie dringen.»[5]

Was sich in diesen eintönigen Mietshäusern abzeichnete, war die Grundlage eines Wohnungsbaues im Großen, nämlich die Typisierung. Sie galt auch für den genossenschaftlichen Wohnungsbau. Ein wichtiges Mittel, um die durch die Typisierung hervorgerufene Eintönigkeit zu überwinden, war für Bruno Taut deswegen die Verwendung von Farbe. Sie individualisierte die Häuser. Andererseits aber faßte die «Farbigkeit» einer Siedlung wie Berlin-Falkenberg, 1913, die Häuser wieder zu einem Ganzen zusammen, durch den Gegensatz, den sie zu den grauen Häusern der Umgebung bilden.

Hatte bis zu diesem Punkt die Farbe einen sozialen Grund, so gibt es auch Verwendungen, deren Grund formaler Art ist. Die Farbe hat dabei den Zweck, die plastische Gliederung der Häuser zu betonen, oder auch, diese zu verändern durch die Wirkung, welche die Farbe hat. In diesem Sinn hat Le Corbusier beispielsweise Blau verwendet, um einen Raum auszuweiten: «considérer la couleur comme apporteuse d'espace», schrieb er im Zusammenhang mit der Siedlung Pessac[6].

Aber auch Taut hat von der Farbe als einem Mittel gesprochen, das die Wahrnehmung beeinflußt: Da sie beispielsweise die Fähigkeit habe, Häuser größer oder kleiner erscheinen zu lassen, müsse man mit ihr arbeiten wie mit einem anderen architektonischen Mittel. In einfacher Weise hat er so in der Waldsiedlung Berlin-Zehlendorf 1926–1931 die Enden von Zeilen betont, um den Gedanken, der die Komposition der Siedlung leitete, zu Ende zu führen.[7]

Waldsiedlung Berlin-Zehlendorf, 1926–1931. Bauteil Bruno Taut.

Nun kann man allerdings nicht über die Farbe sprechen, ohne im gleichen Zug verschiedene Arten zu unterscheiden. Dabei ist einerseits die physiologische Wirkung von Bedeutung – Blau beispielsweise weicht zurück –, andererseits die psychologische

15

Wirkung, welche von der Assoziation mit bestimmten Dingen hervorgerufen wird – Braun erscheint als Farbe der Erde und wirkt schwer; «le brun est terrestre», schreibt Le Corbusier[8]. Man kann von einer *natürlichen* Bedeutung der Farbe sprechen.

Die Frage nach der Art der Farbe läßt sich von da aus folgendermaßen stellen: Ist die Farbe ein Wert, bei dem wir *nicht* an bestimmte Dinge denken – «bedeutet» sie nichts – oder ist sie im Gegenteil ein Wert, bei dem wir dies tun?

Es macht das Exemplarische der Siedlung an der Pilotengasse aus, daß verschiedene Haltungen zu dieser Frage vertreten sind, die, von deren Form zusammengehalten, als Gegensätze erscheinen: Farbigkeit bei Krischanitz, Farblosigkeit bei Herzog & de Meuron, besser: was als Farblosigkeit erscheint, weil die Farben «natürlich» sind (Farben von Material); bei Krischanitz dagegen sind sie «künstlich». Der Teil von Steidle schließlich nimmt eine mittlere Stellung ein.

Dabei ergibt sich gegenüber einer Siedlung der zwanziger Jahre ein wichtiger Unterschied. Dort war die Verwendung von Farbe ein Mittel, die Einheit der Siedlung deutlich zu machen – eine Einheit, die im Baulichen das Gesellschaftliche meint. Die Einheit ist in der Siedlung Pilotengasse durch die einfache, klare Form gegeben. Ihr überlagert sich eine andere Konzeption, welche diese Einheit in Frage stellt, indem sie die Siedlung, mit dem Mittel der Farbe, in Stücke auftrennt wie einen Mantel, so daß gleichzeitig das Ganze, der Mantel und die Stücke, die ihn bilden, erkennbar sind. Der Grund für diese Differenzierung liegt aber nicht in der Siedlung; er liegt in ihrer Entstehung: Die verschiedenen Verwendungen der Farbe (noch mehr als die verschiedenen Farben) sind in den Auffassungen der Architekten begründet. Das gilt auch für die verschiedenen Grundrisse der Häuser. Die Anlage der Siedlung gibt wenige typologische Anweisungen. Die Grundrisse sind zwar verschieden, ohne daß sich das aber aus der Anlage ergeben würde; die gebogenen Häuserzeilen bestehen durchwegs aus ostwestorientierten Häusern.

Im folgenden sollen die drei Arten, Farbe zu verwenden, genauer bestimmt werden. Dem muß aber eine Bemerkung vorausgeschickt werden: Die Farbe ist nur das eine Mittel der Gestaltung. Sie kann hinsichtlich der einzelnen Häuser wie auch der Zeilen nicht von der Verteilung der Fenster, oder allgemeiner, von «les pleins et les vides» getrennt werden. Auch wenn unsere Anmerkungen von der Farbe ausgehen, müssen sie das andere Mittel und vor allem die Beziehungen zwischen beiden einschließen. Adolf Krischanitz hat für seine Teile der Siedlung, wie er das seit einiger Zeit für alle Entwürfe tut, mit dem Wiener Maler Oskar Putz zusammengearbeitet, der sich ausführlich mit der Funktion der Farbe bei Taut beschäftigt hat (auf der Suche nach einer Grundlage für die eigene Arbeit?).[9]

Krischanitz und Putz gehen nicht so weit wie zeitweise Taut, die Farbe von der Form zu trennen; beide verfolgen das gleiche Thema, aber sie verfolgen es nach ihren eigenen Gesetzen. Auf der inneren Seite der gebogenen Häuserzeilen wechselt die Farbe von Rot stufenweise zu Gelb und wieder zu Rot und bewirkt – auf der Ebene der

Helligkeit – ein Zurückweichen der Mitte. Dieses bestätigt das Zurückweichen der Form. Die Form und die Farbe schaffen mit den ihnen eigenen Mitteln die gleiche Wirkung (im Sinne eines Parallelismus), und diese Wirkung ist nicht einfach das Zurückweichen, sondern die Spannung, die dadurch entsteht. Es ist diese Spannung, die die vielpublizierte Zeichnung der Siedlung so eindrücklich macht: als hätte sich ihre Form aus der Bewegung der zeichnenden Hand ergeben.

Waldsiedlung Berlin-Zehlendorf, 1926–1931. Bauteil Otto Rudolf Salvisberg mit abgestufter Farbenreihe.

Während die innere Seite als ganze gesehen werden kann, entzieht sich die äußere Seite wegen der Biegung teilweise dem Blick. Aus diesem Grund haben Krischanitz und Putz hier eine farbliche Gestaltung gewählt, welche die Häuser nicht weich voneinander trennt, sondern so hart wie möglich, nämlich mit dem Mittel komplementärer Farben. Das beginnt am südlichen Ende der Häuserzeilen mit Blau und Gelb; das Blau verschiebt sich gegen das nördliche Ende zum Grün, das Gelb zum Rot. Die Häuserzeile scheint als Folge der Spannung geplatzt zu sein. Es ist einleuchtend, daß die Regenrohre auf dieser Seite der Häuser angebracht sind; auf der anderen Seite würden sie die Farben zu stark trennen. Krischanitz hat dort auch die Drähte weggelassen, die für wilde Reben vorgesehen waren; er hat damit die Rolle der Farbe radikalisiert.

Die beiden Seiten machen sich ein wesentliches Faktum der Wahrnehmung zunutze, um ihre gegensätzlichen Wirkungen – Verbindung der Häuser beziehungsweise Trennung – zu erreichen: Die Wahrnehmung neigt dazu, Unterschiede im Wahrnehmungsmuster entweder zu verstärken oder auszugleichen. So strebt auch eine Konstellation der Farben entweder zum Kontrast oder zur Anpassung. «Wenn die nebeneinander liegenden Farben ausreichend ähnlich sind (...), dann heben die Farben nicht den Unterschied hervor, sondern passen sich einander an.»[10] Sind sie sich hingegen ausreichend unähnlich, heben sie eben diesen Unterschied hervor: den Kontrast, den sie bilden.

Die Unterbrüche in den Zeilen sind übrigens weiß gestrichen. So erscheint die Farbe wie ein Stück Papier, in das die fünf Abschnitte eingewickelt sind, die eine solche Zeile bilden. Andererseits wird auch sichtbar, daß die Farbe nicht der Betonung der plastischen Form dient. Sie hat, wie gesagt, ihre eigenen Gesetze.

Roh verputzter (oben) und gestrichener Zustand (unten) einer Zeile.
Siedlung Pilotengasse, Bauteil Krischanitz.

Die Zeilen von Adolf Krischanitz bilden glatte Körper; ihre Grundrisse sind so angeordnet, daß der Wohnraum teils nach Westen, teils nach Osten gerichtet ist. So entstehen Fassadenbilder, die nicht zu lesen wären, wenn nicht die Farbe die Grenze der Häuser bezeichnen würde. (Als die Häuser noch nicht gestrichen waren, waren sie in der Tat unleserlich.)

So schafft die Farbe einerseits eine Ordnung, aus der andererseits etwas heraustritt, das scheinbar ordnungslos ist (dessen Ordnung nicht zu verstehen ist), nämlich die Verteilung der Öffnungen. Es braucht schon einen Plan um zu verstehen, daß es nur zwei Grundrisse gibt, die aber hin- und hergewendet sind. Diese beiden Mittel, «les pleins et les vides» und die Farben, bedingen einander, um eine komplexe Beziehung zwischen dem einzelnen und dem Ganzen zu schaffen. Sie individualisieren die Häuser und binden sie zur gleichen Zeit in eine große Ordnung ein (und sie veranlassen den Betrachter, diese zu suchen, wenn er nicht den entgegengesetzten Weg einschlägt, der von der großen Ordnung zu ihrem Verschwinden in den Häusern führt).

Der Kamm der freistehenden Häuser, die den östlichen Rand der Siedlung bilden, ist dagegen von einem farbigen Hell-Dunkel-Rhythmus regiert. Die Folge der Farben ist einer Folge von entsprechenden Haustypen zugeordnet: zuerst ein erstaunliches Violett, dann zweimal Grün, einmal Gelb, dann beginnt sie von vorne. Hier wird endgültig klar, daß die verwendeten Farben weder aufgrund einer Tradition (beispielsweise das «Schönbrunner Gelb»), noch wegen ihrer tektonischen Wirkung gewählt sind.

Man wird sich erinnern, daß Piero Bottoni 1928 starke Farbenprogressionen verwendet hat, um die Gebäude von unten nach oben leichter erscheinen zu lassen. Er hat damit der Straße als Ganzem einen bewußt tektonischen Ausdruck gegeben.[11] Bei den Häusern von Krischanitz bewirken die Farben das Gegenteil: Obwohl sie traditionell gemauert sind, scheinen sie sich wie amerikanische Mobile Homes jederzeit vom Ort lösen zu können. Die Farbe erzeugt also eine Spannung, die von der Form dieser Häuser, etwa durch die Abrundung der Dachränder, bestärkt wird.

Die Autonomie der Farben macht diese austauschbar. Es gibt keine Hierarchie, auch keine «Lieblingsfarben». Mit der Farbwahl werden bewußt Extreme ausgelotet. Das ist nur möglich, weil die Beziehungen zwischen den Farben präzise geregelt sind. Die Gesetze der Komplementarität bewirken im übrigen, daß der Eindruck von Buntheit aufgehoben wird, indem die Summe aller Farben als Nachbild Weiß entstehen läßt. Die weißen Fensterrahmen vermitteln zwar primär vom neutralen Innern der Häuser zum farbigen Äußeren, sie haben aber auch die Aufgabe, hinzuführen auf dieses virtuelle Weiß der Gesamtwirkung – ähnlich wie bei Bruno Taut, der schon in der Siedlung Falkenberg das Weiß auf Vordächer und auf Fensterrahmen beschränkte, um mit diesen wiederkehrenden Elementen die mit Hilfe der Farbe individualisierten Häuser zu einer Gesamtheit zu verbinden.

Die Teile von Jacques Herzog und Pierre de Meuron bilden zu dieser Farbigkeit einen scharfen Gegensatz. Wenn man die Begriffe von Taut auf sie anwenden würde, wäre ihr

Grau (kann man die Farbe genauer bestimmen? Sandgrau?) eine bürgerliche, Vornehmheit beanspruchende Farbe.[12] Das ist aber nicht so.

Gegenüber der Haltung von Krischanitz entwickelten Herzog & de Meuron ein «farbloses» Konzept, wie sie schreiben. «Der Sand mit seinen vielfältigen Farbnuancen sollte möglichst direkt zum Ausdruck gelangen. (...) So entstand die Idee, den rohen Putz in vertikalen Streifen (...) aufzutragen und die Struktur dieser Streifen als Spur der Arbeit zu hinterlassen.» Sie sollten die Fassade rhythmisieren wie die Drähte von Krischanitz.[13] Da Putz heute aber großflächiger aufgetragen wird, verlor diese Struktur ihren Sinn. «Von der Konzeption mit den Streifen blieb nur die Einteilung (...) der Fenster übrig, die sich nach einer nun unsichtbaren Ordnung und Rhythmisierung richten.»[14]

Die verputzten Fassadenoberflächen wurden in der Folge als Ganzes differenziert. Auf der Westseite, die dem Wetter zugewandt ist, wurde ein grober kiesiger Putz aufgetragen, auf der Ostseite ein feinkörniger sandiger Putz. Der grobe Putz charakterisiert

Ursprüngliches Fassadengestaltungskonzept von Herzog & de Meuron und Helmut Federle.

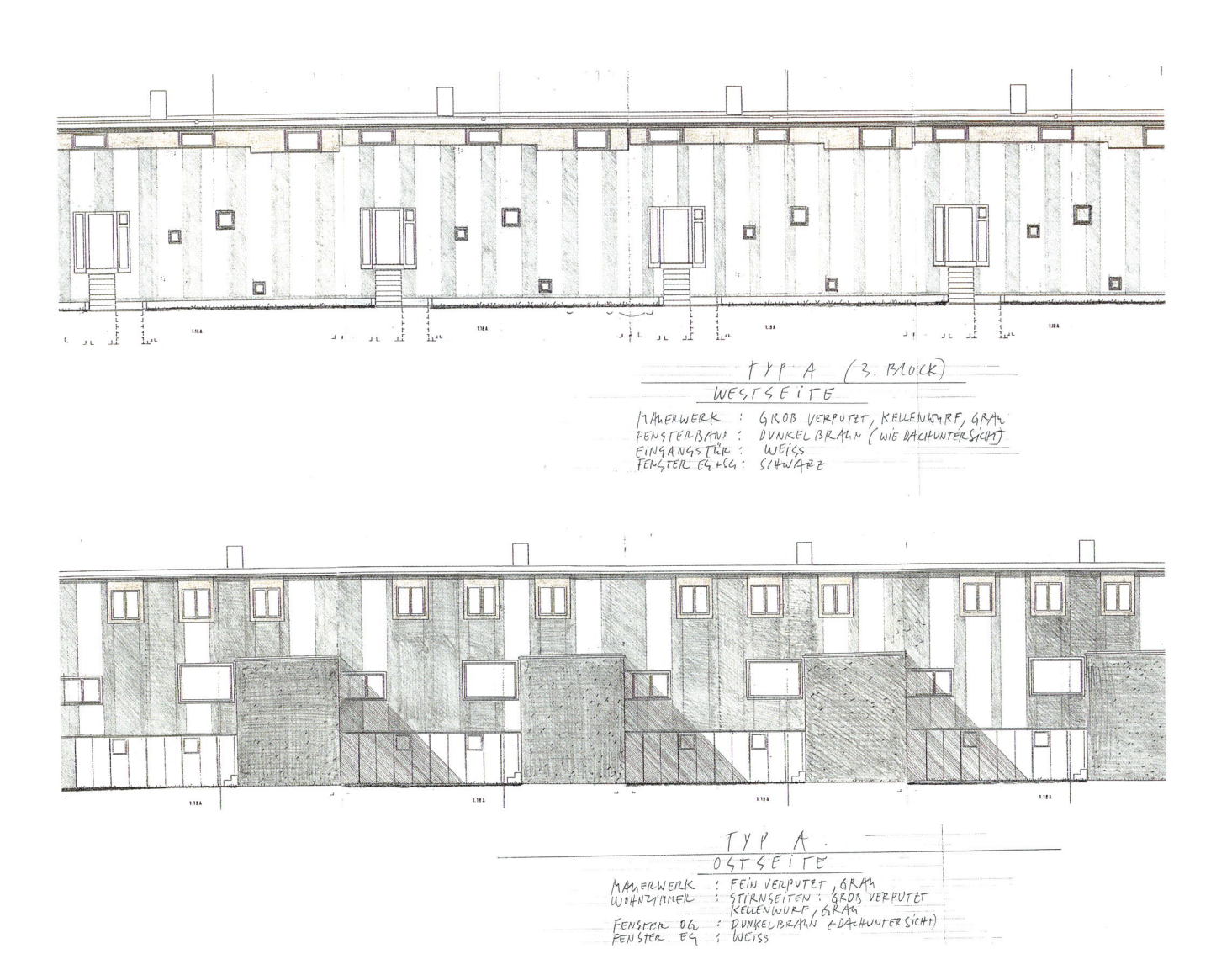

also auch die lange gerade Fassade, welche die Siedlung gegen die vielbefahrene Hausfeldstraße hin abschließt wie eine Mauer.

Damit erhielten die Farbwerte der einzelnen Materialien ein derartiges Gewicht, daß sich im nachhinein die Zusammenarbeit mit einem Maler aufdrängte, der allerdings ganz andere Ziele verfolgen mußte als Oskar Putz. Der in Wien lebende Schweizer Helmut Federle suchte nicht, die Farbe in eine Spannung zum traditionell geprägten Volumen zu bringen; ihm war vielmehr die Stimmigkeit aller architektonischen Teile und ihrer durch das Material bestimmten Oberflächen ein Anliegen, aufgrund einer Haltung, die skeptisch gegen jede spielerische Argumentation im Gestalterischen reagiert.

Als Federle die Arbeit aufnahm, war außer dem Naturputz bereits das bakelisierte Sperrholz gegeben. (Das Dach ist an der untern Seite mit diesem Sperrholz verkleidet; dadurch und durch seine Form wirkt es körperhaft, wie eine flache Schachtel.) Er hatte die Farben für den Schutzanstrich der Fenster zu bestimmen. Dabei ging er zunächst von der Farbstimmung der eigenen Malerei aus, einem Gelbgrau, das mit dem Schwarz der Türen in Beziehung gesetzt werden sollte. Nach mehreren Arbeitsschritten ergab sich schließlich eine Annäherung an die gegebenen Materialien mit einem Betongrau und dem Sperrholzbraun, um damit eine homogene Erscheinung zu erreichen.[15]

Die Farbe dient mit anderen Worten dem Zweck, die Dinge der Fassade zu verbinden, und auch in diesem Punkt erweist sich der Vergleich mit dem Konzept von Krischanitz und Putz als aufschlußreich. In deren Häusern sind Türen und Fenster durchgehend weiß gestrichen: Sie heben sich scharf ab. Weiß bildet einerseits die Konstante in den sich verändernden Fassaden, andererseits gibt es gewissermaßen das Maß der farblichen Veränderung ab. Die Leibungen hingegen haben die Farbe der Mauern, die damit dick erscheinen.

Im Unterschied zu den Häusern von Krischanitz sind diejenigen von Herzog & de Meuron über die Form identifizierbar, genauer durch eine Verteilung von «les pleins et les vides», welche in sich geschlossene Fassadenbilder schafft. Schön ist dabei vor allem die Westseite der gebogenen Zeilen: hier überlagern sich die beiden grundlegenden kompositorischen Verfahren, nämlich ein Gleichgewicht (im Sinne von Paul Klee) im untern Teil der Fassaden und eine Wiederholung im oberen Teil. So ist in diesen Fassadenbildern beides anwesend: die Häuserzeile – das Ganze – *und* die einzelnen Häuser, ohne daß es die Farbe dafür braucht. Es ist deswegen folgerichtig, daß auch die vertikalen Putzstreifen aufgegeben wurden, welche die Fassaden im gleichmäßigen Takt der oberen Fenster gegliedert hätten. Diese Fenster genügen.

Bis zu dieser Stelle war vom dritten Teil der Siedlung, den Zeilen von Otto Steidle, noch nicht die Rede. Der Grund ist, daß dieser Teil, was die Verwendung von Farbe betrifft, die Mitte einnimmt zwischen den zwei beschriebenen, radikalen Haltungen. Die Häuser sind in einem hellen Blaugrau gestrichen, das den Raum zwischen ihnen weit macht. Sie werden also durch die Farbe nicht individualisiert. Das farbliche Konzept stammt ebenfalls von Oskar Putz. Der Architekt verlangte «zurückhaltende» Farben; so wurde das von ihm vorgeschlagene «Kartongrau» in Graublau abgeändert, um zwischen dem farbigen und dem «nichtfarbigen» Teil der Siedlung zu vermitteln.

Die Fensterleibungen sind, im Unterschied zu den Teilen von Krischanitz, mit den Rahmen zusammen weiß gestrichen. Damit wird dem Graublau nur die äußerste, dünne Fassadenschicht zugewiesen. Es trifft an einer Kante immer auf Weiß, auch am Ende der Zeilen, die aufgrund dieses Effektes wie geschnitten erscheinen. Die Farbe wird somit zur Verstärkung und Klärung der Längsräume eingesetzt; sie hält außerdem die Fassadenflächen zusammen, die mit einer großen Zahl verschiedener Fenster durchbrochen sind.

Kräftige Farben finden sich nur in den Nischen, die in die Körper geschnitten sind: Gelb und dunkles Blau. Das heißt, daß Form und Farbe aneinander gebunden sind. Darin gleichen diese Häuser den Siedlungen von Bruno Taut in Berlin: wir denken etwa an die Hufeisensiedlung, wo die Nischen der Balkone gleichfalls in einem dunklen Blau gestrichen sind, das ihnen Tiefe gibt und die plastischen Gegebenheiten betont.

Wenn die Teile von Steidle Fragen aufwerfen, so betreffen sie vor allem die Komposition der Fassaden. Es gibt darin zu viele Arten von Fenstern, und diese Fenster sind so verteilt, daß keine klaren Fassadenbilder entstehen. Krischanitz dagegen erreicht solche Fassadenbilder durch die Farbe, welche die Häuser identifiziert, Herzog & de Meuron durch die Figur, welche die Öffnungen der einzelnen Häuser bilden. In beiden Fällen aber kompensiert die Anwesenheit des einen Mittels die Abwesenheit des andern.

Bruno Taut, Hufeisensiedlung Berlin-Britz, 1925–1931.

Die Gegensätzlichkeit der Auffassungen bestätigt sich auch bei einer genaueren Analyse der verwendeten Farben. Bei Herzog & de Meuron ergibt sie eine aufgehellte grüne Umbra und eine gebrannte Siena für die Schutzanstriche des Holzes, die zusammen eine sehr dezente, aber frische Wirkung ergeben – eine Wirkung, die aus der Architekturtradition bekannt ist. Architekten wie Hans Schmidt oder Le Corbusier gingen von solchen Farbakkorden aus, die nicht «wissenschaftlich» festzulegen sind, etwa mit dem Farbkörper von Wilhelm Ostwald, sondern die als Kombination von Erdfarben mit der Geschichte der Architektur und der Malerei und mehr noch: *mit der Natur selbst* verbunden sind. Mit einer beschränkten Anzahl solcher Farben – der «Grande Gamme» – hätten seit jeher all jene Maler gearbeitet, die Volumen darstellen wollten, schrieben Ozenfant und Jeanneret in «Le purisme» und meinten damit etwa die Fresken Michelangelos[16]. Sie haben auch auf die psychologischen Wirkungen ihrer Palette hingewiesen, auf die «Ambiances», welche über die täglichen Erfahrungen des Menschen aufgrund von Assoziationen entstehen.

Obwohl auch die Farbenwelt von Putz und Krischanitz von zunächst willkürlichen Setzungen ausgeht, die ihrem Temperament entsprechen, stellt sie letzten Endes ein *abstraktes* Konstrukt dar. Dieses wird von «wissenschaftlich» nachvollziehbaren, meßbaren Bezügen zwischen Farben geregelt, die – ähnlich wie beim Schröder-Haus von

Gerrit Rietveld, 1924 – weder auf die tektonische Wirkung noch auf eine Materialbindung hin ausgewählt wurden. Diese Verwendung von Farbe schafft sich eine eigene Welt mit eigenen Gesetzen. Ihre Kraft bezieht sie aus den Energien, die innerhalb der Komposition freigesetzt werden, aber auch aus der Spannung, welche sich aus dem Gegensatz zur indifferenten Umgebung einerseits und zu ihrer Antithese – eben dem «Naturkonzept» – andererseits ergibt.

Le Corbusier, Claviers de couleurs, 1931.
Musterkarte «Sable 1».

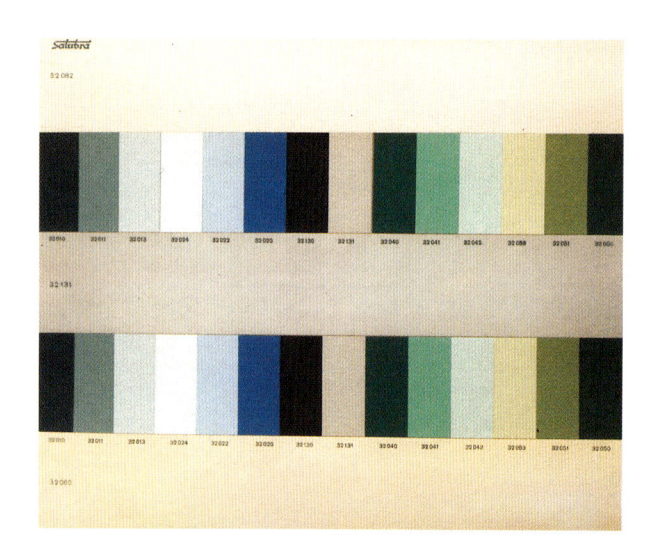

Farbharmoniesucher nach Wilhelm Ostwald, undatiert (20er Jahre?).

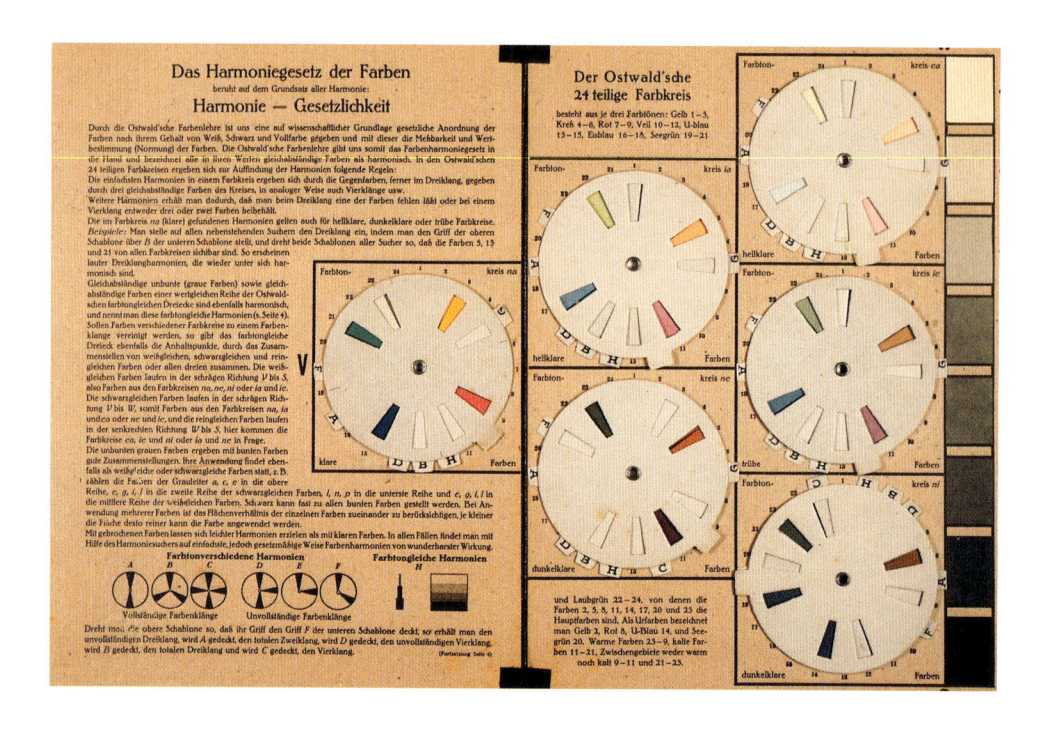

Damit sind in dieser Siedlung zwei mögliche Grundverhalten gegenüber der Farbe vereint, die ihre Bedeutung aus ihrer Gegensätzlichkeit beziehen. Die eine steht für Natürlichkeit und Tradition, die andere für Abstraktion und Wissenschaftlichkeit.

Daß nicht nur die Farbe, sondern auch die volumetrische Gestaltung diesen Prinzipien folgt, zeigen die Kopfbauten an der Pilotengasse auf. Während das containerartige gelbe Haus von Krischanitz auf dünnen runden Stützen steht wie das «gelandete Raumschiff» von Hans Sedlmayr, ist der Baukörper von Herzog & de Meuron nicht nur durch die graue Farbe und das schachtelartige Dach mit der Zeile verbunden, er ist auch am Ende mit zwei dicken Pfeilern im Boden verankert. Die beiden Häuser sind als Zusammenfassungen der behandelten architektonischen Themen zu lesen, als Manifeste komplementärer architektonischer Handlungen, welche die Siedlung insgesamt prägen und ihr Bedeutung verleihen.

Siedlung Pilotengasse, Zeilenende nach Süden, Bauteil Herzog & de Meuron (oben) und Krischanitz (unten).

[1] s. a. Walter Zschokke: Das Feld ist bestellt – Die Siedlung Pilotengasse in Wien-Aspern, in: Die Presse, 14./15. März 1992
[2] Hans-Jörg Rieger: Die farbige Stadt, Zürich 1976
[3] Adolf Behne: Die Wiederkehr der Kunst, Leipzig 1919, S. 103
[4] Bruno Taut: Architektonisches zum Siedlungswerk, in Der Siedler, H. 6, 1918/19, S. 257, zit. nach Rieger, op. cit.
[5] Bruno Taut: Der Regenbogen, in Frühlicht, H.1, 1921; unter anderem Namen erschienen in Bauwelt, H. 38, 1919
[6] in: Oeuvre Complète vol I, Zürich 1964, S. 86; zur Polychromie bei Le Corbusier siehe Arthur Rüegg: Le Corbusiers Polychromie architecturale, in UM BAU 13, 1991, S. 5–26
[7] «Der diese Komposition leitende Gedanke muß bis zum Schluß durchgeführt, er darf also nicht bei der Wahl der Farbe vergessen werden.» Bruno Taut: Die Farbe, in Fachblatt für Maler, H. 3, 1931
[8] Amédée Ozenfant und Charles Edouard Jeanneret: La peinture moderne, Paris 1925, S.166
[9] Oskar Putz: Über das Verhältnis von Farbe und Architektur, in UM BAU, H. 8, 1984, S. 37–64
[10] Rudolf Arnheim, Kunst und Sehen, Berlin 1978, S. 360
[11] Piero Bottoni, La città cromatica, in Das Werk, H. 7, 1928, S. 219–220
[12] Der Aufruf «Der Regenbogen» spricht davon, daß die Tradition der Farbe im Begriff der Vornehmheit versank, der aber nichts anderes als Mattheit sei; s. Anmerkung 5
[13] in H & de M, (Architektur von Herzog & de Meuron), München 1991, S. 78
[14] in H & de M, op. cit.
[15] In Wirklichkeit ist auch der Putz gestrichen, da er Flecken hatte. Auch ohne diese wäre das Konzept des natürlichen Putzes von den Mietern als unfertig abgelehnt worden. Darum werden möglicherweise auch die Platten gestrichen, welche an bestimmten Stellen das tiefliegende Erdgeschoß verkleiden; s. die Erklärung von Helmut Federle.
[16] Amédée Ozenfant und Charles Edouard Jeanneret: Le purisme, in L'Esprit Nouveau Nr. 4, 1921, S. 382–383

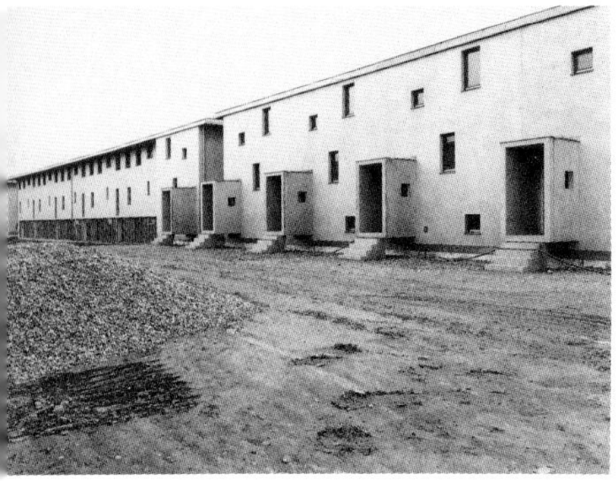

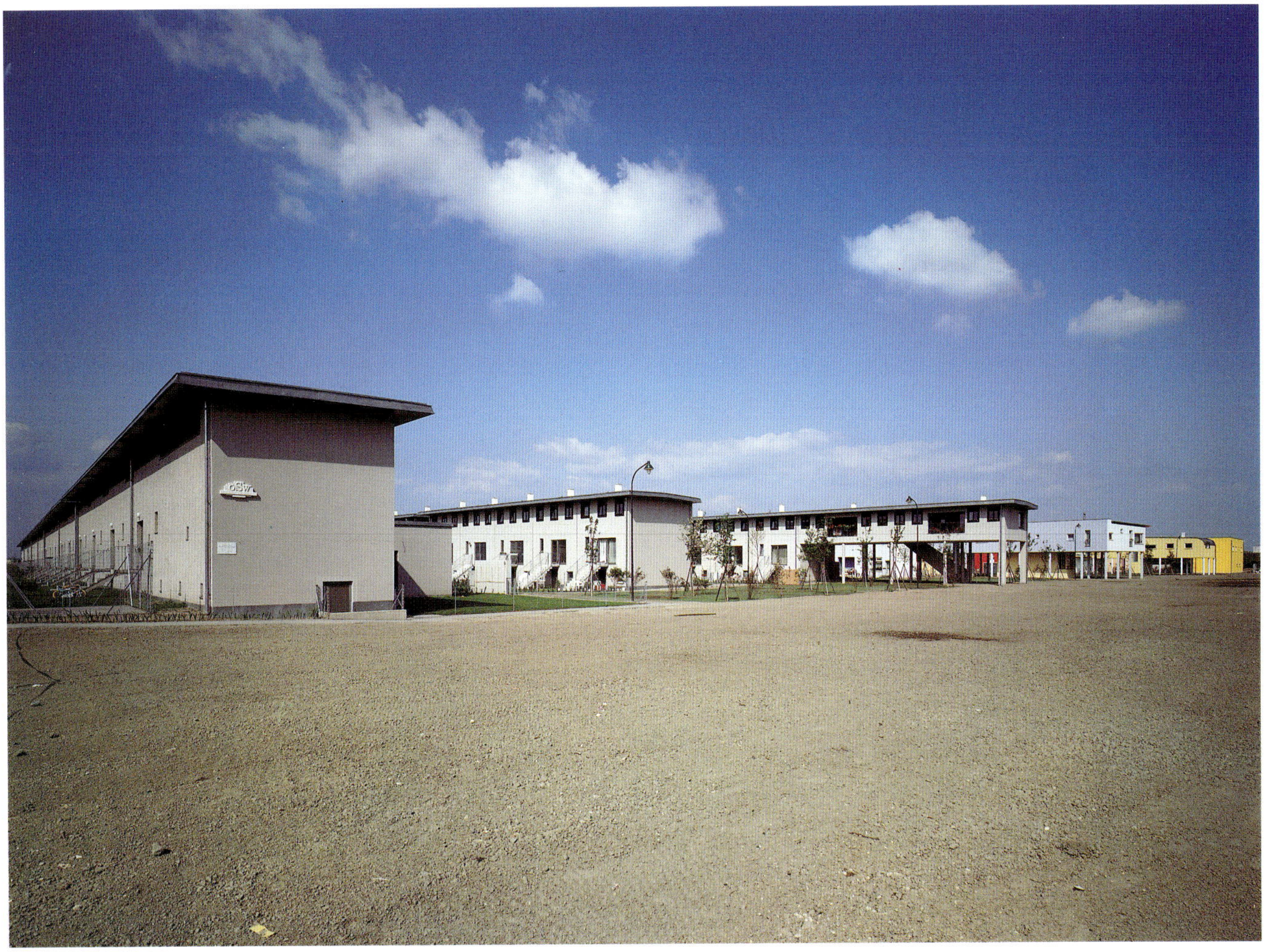

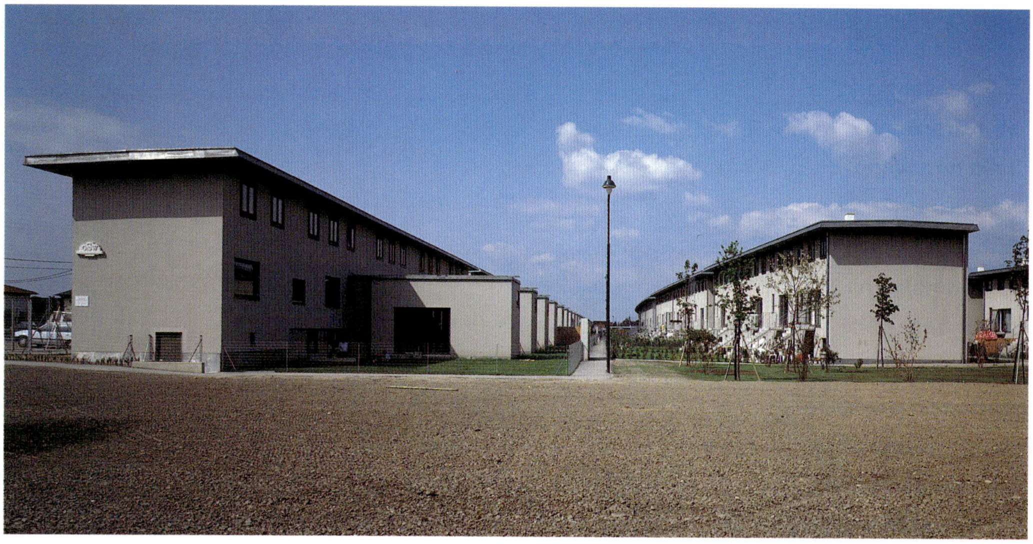

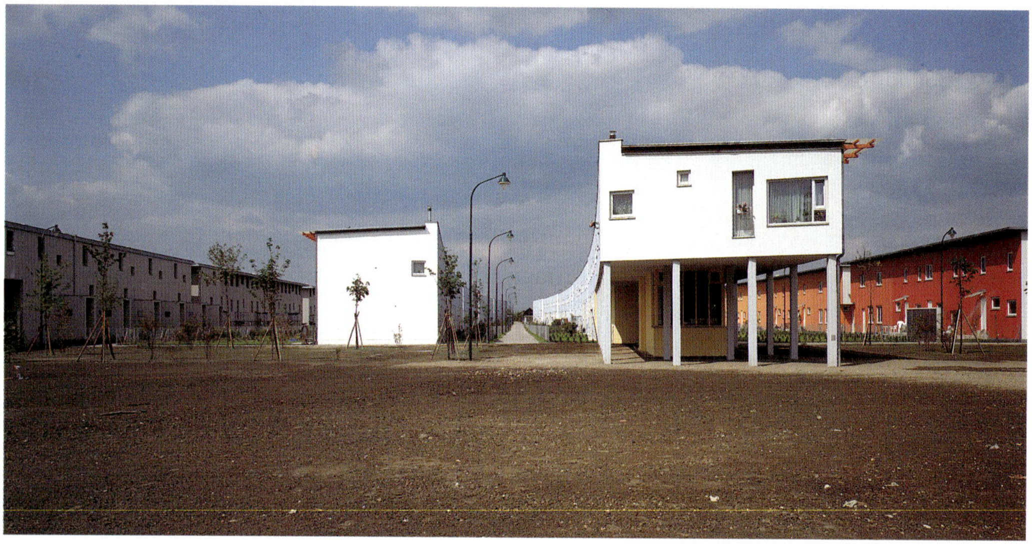

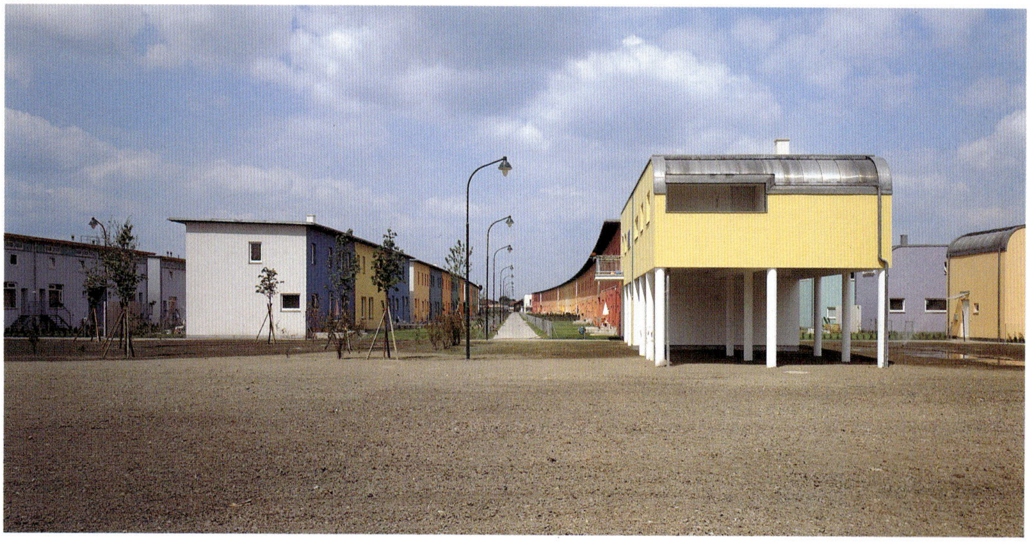

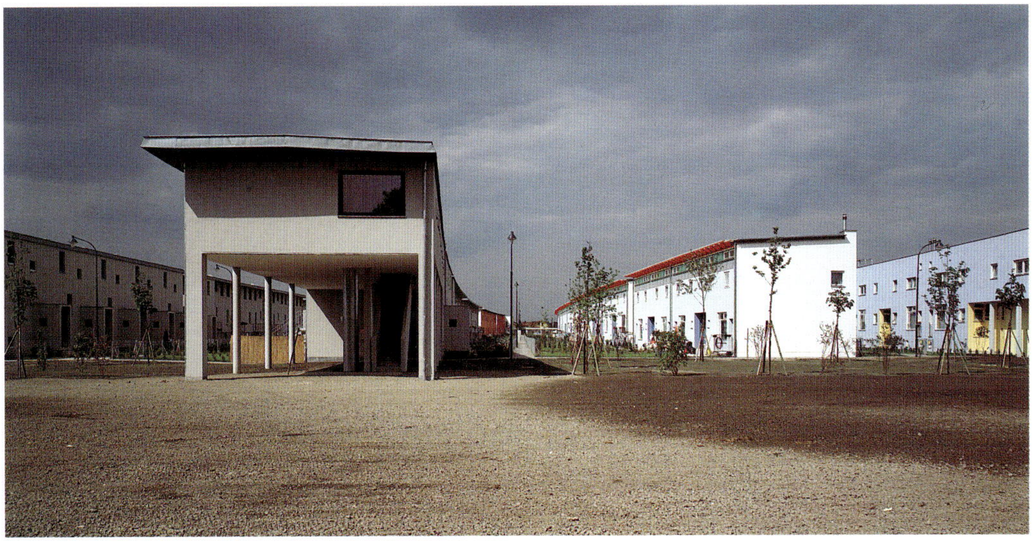

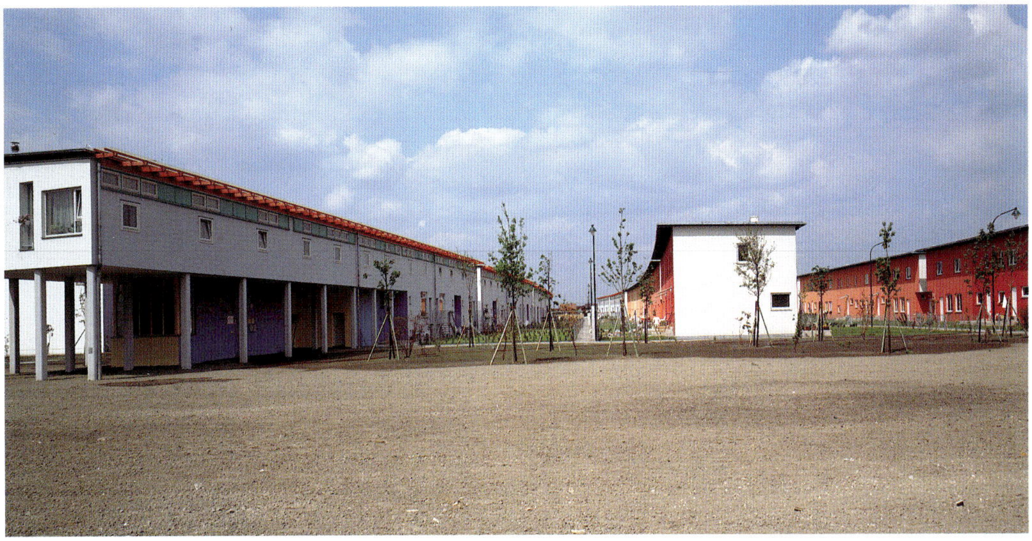

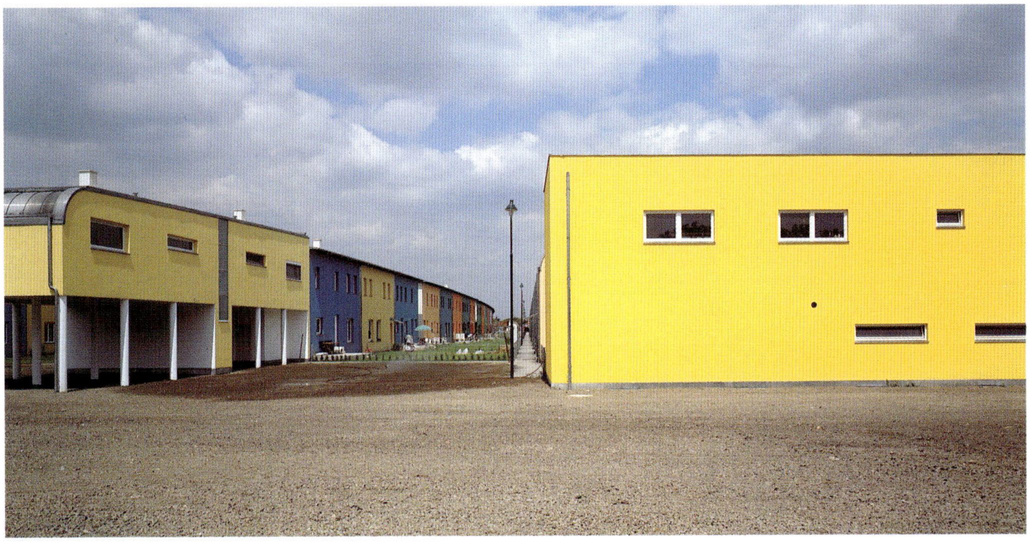

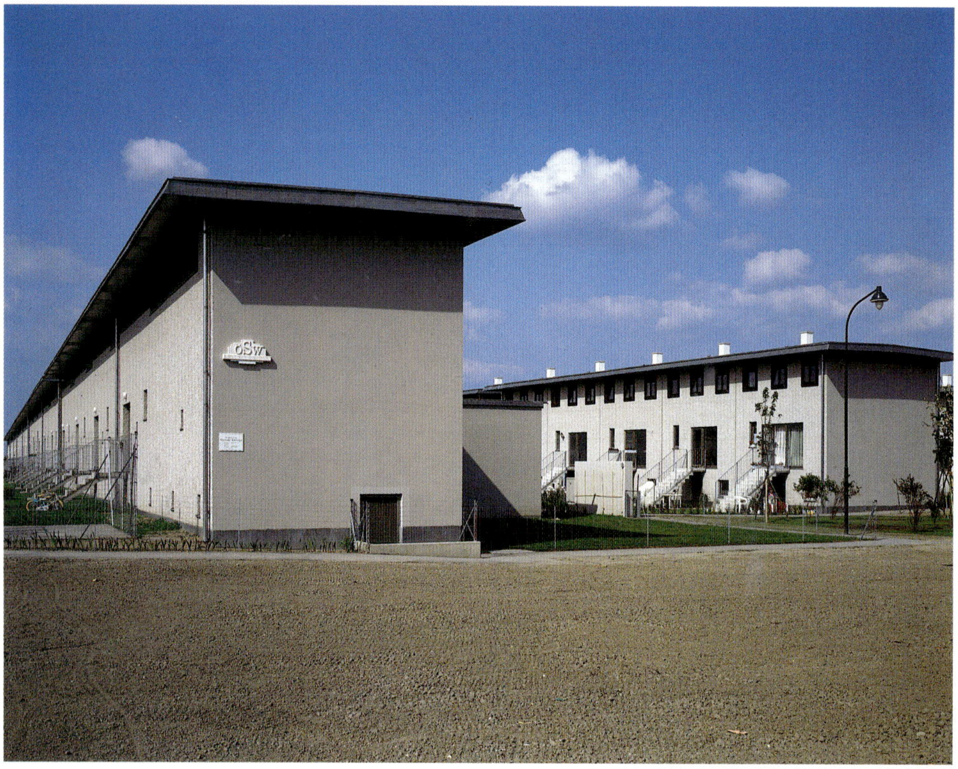

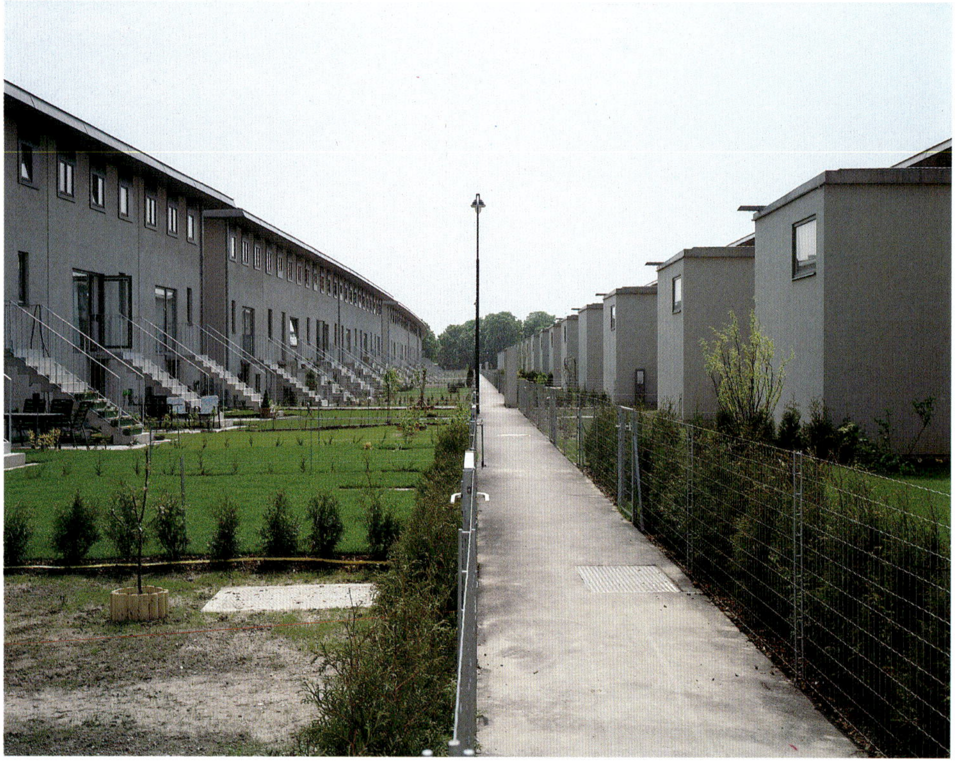

Herzog & de Meuron

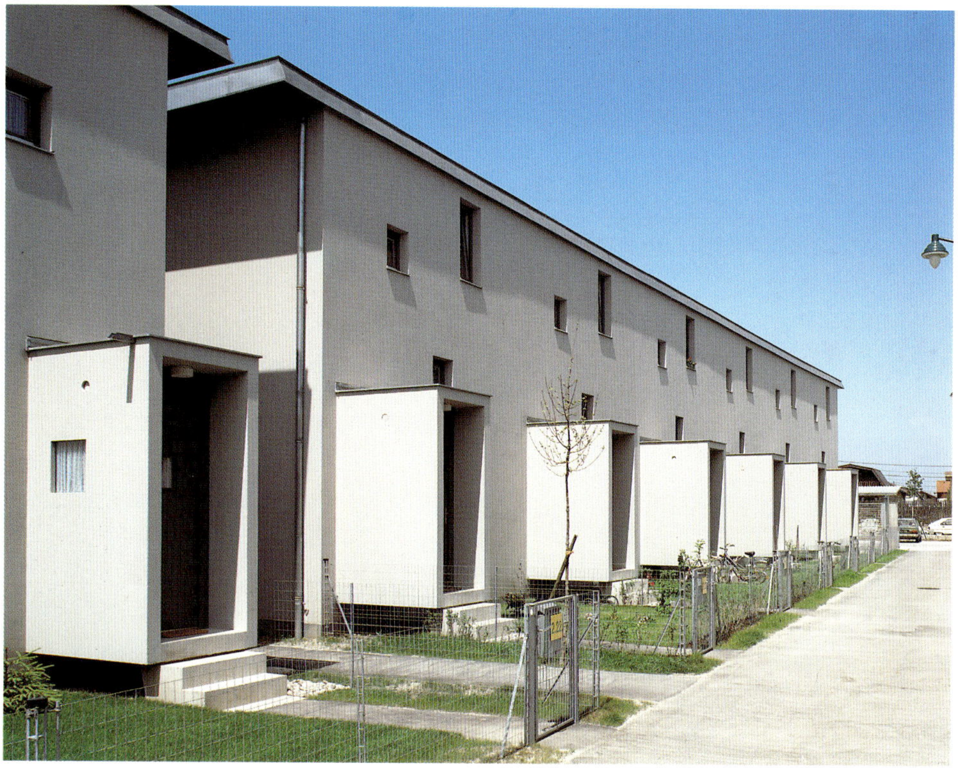

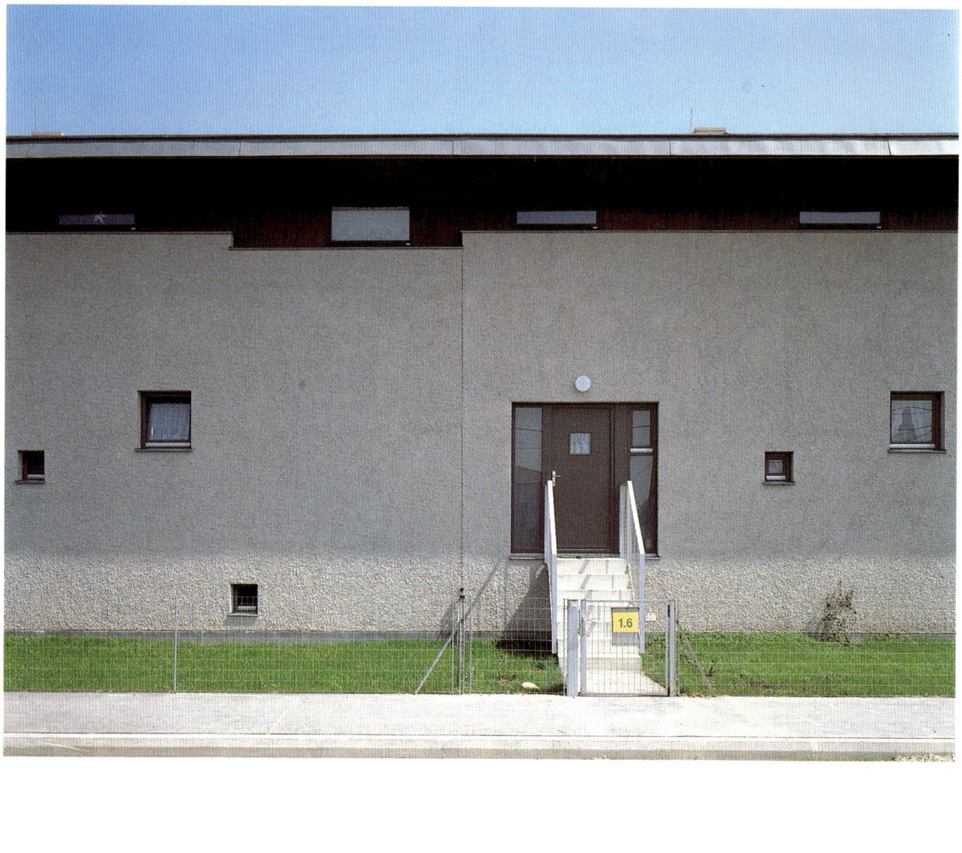
1.6

Herzog & de Meuron

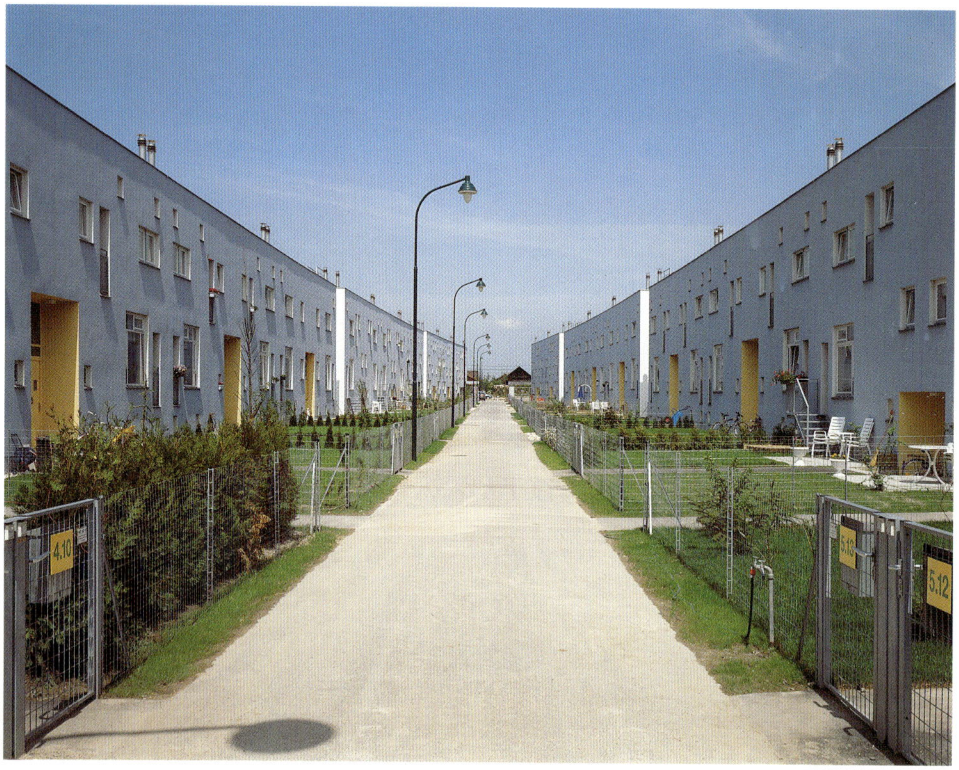
4.10
5.13
5.12

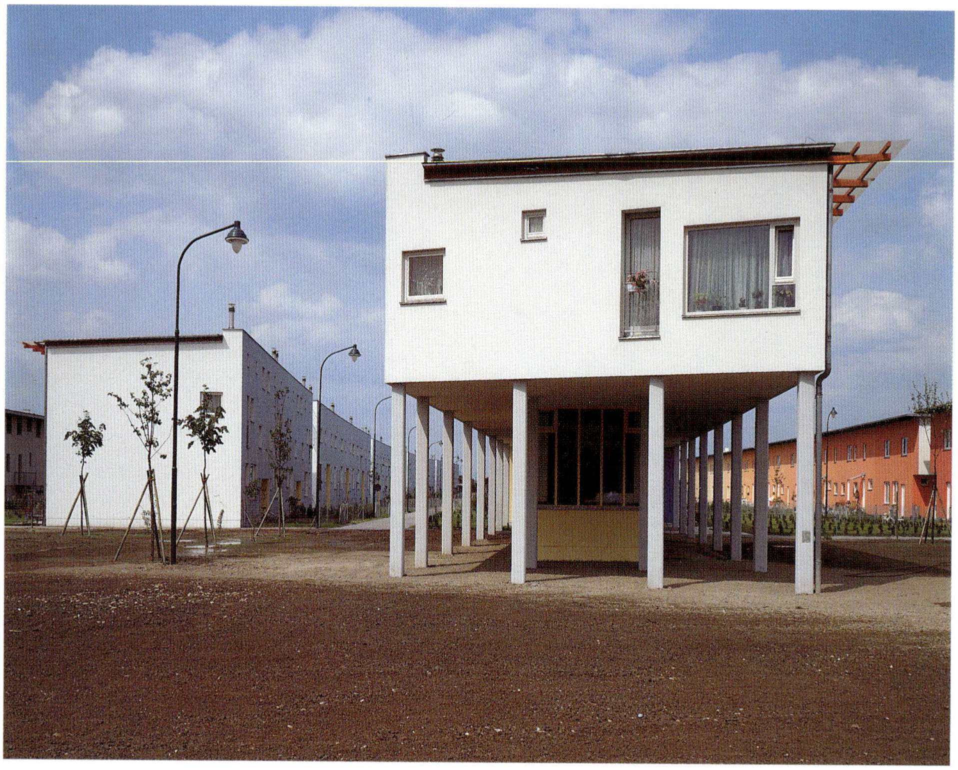

Steidle + Partner

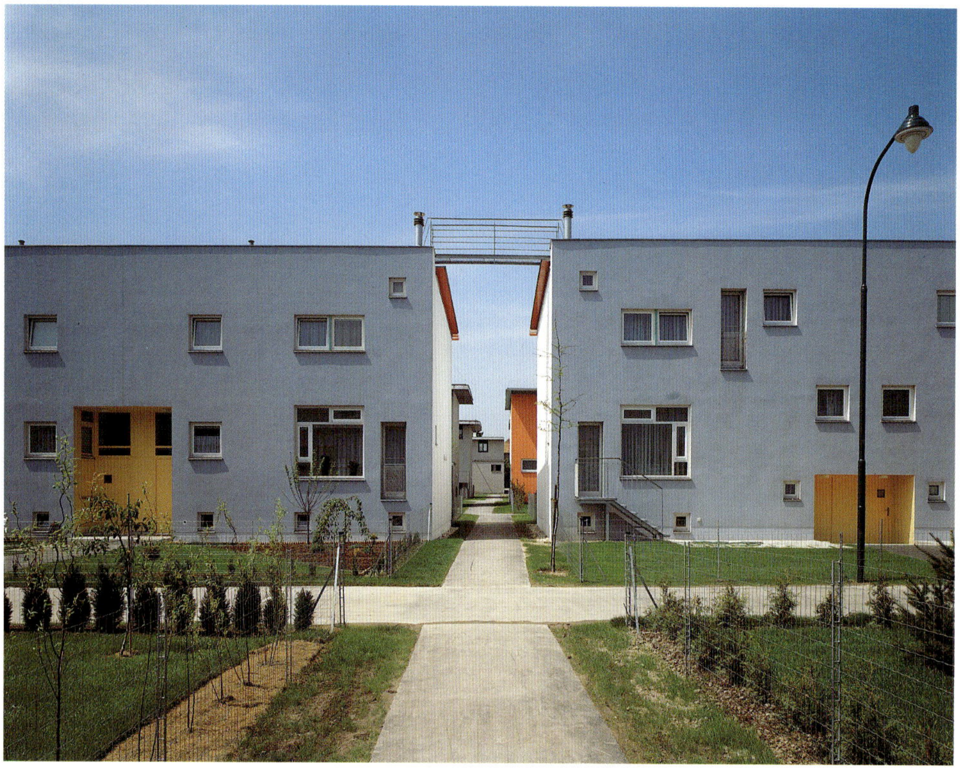

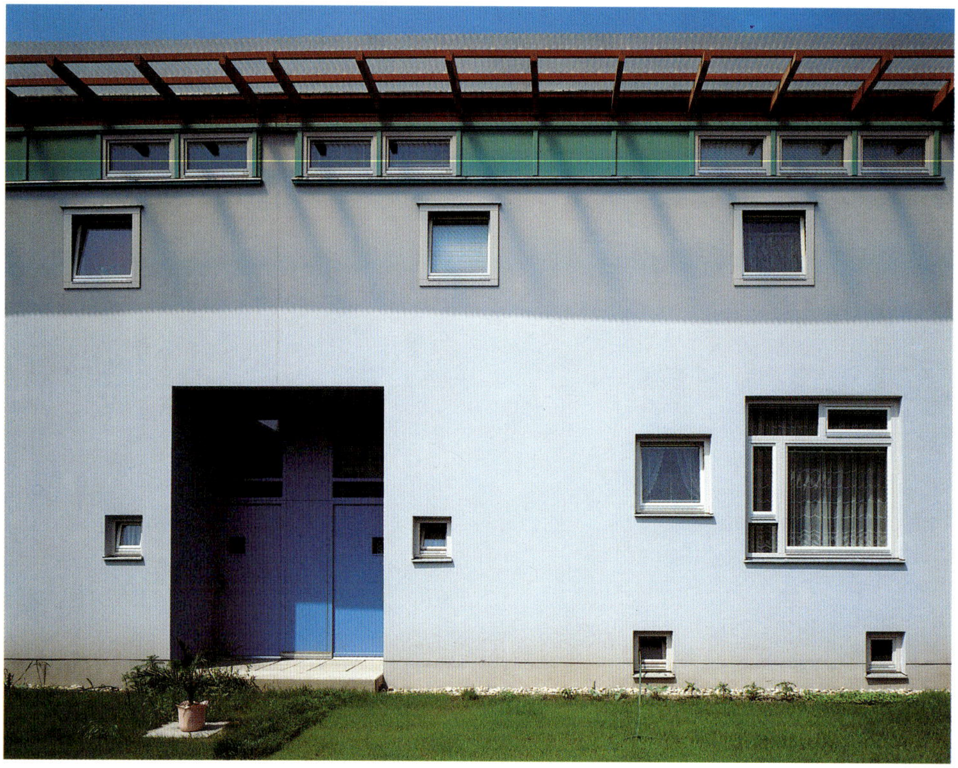

Steidle + Partner

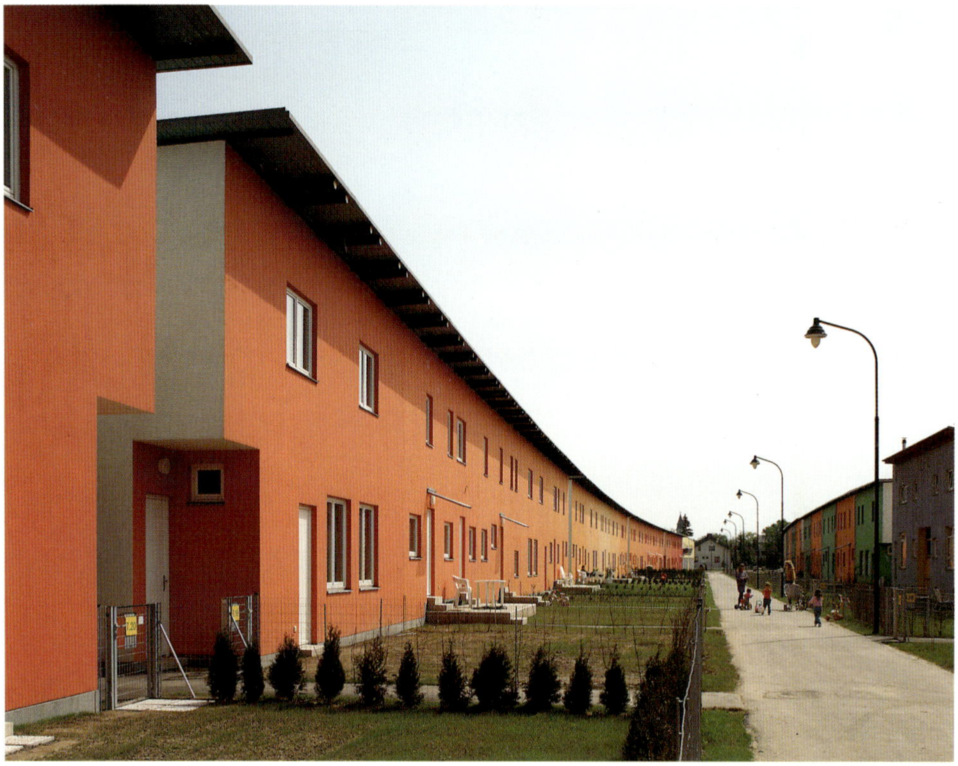

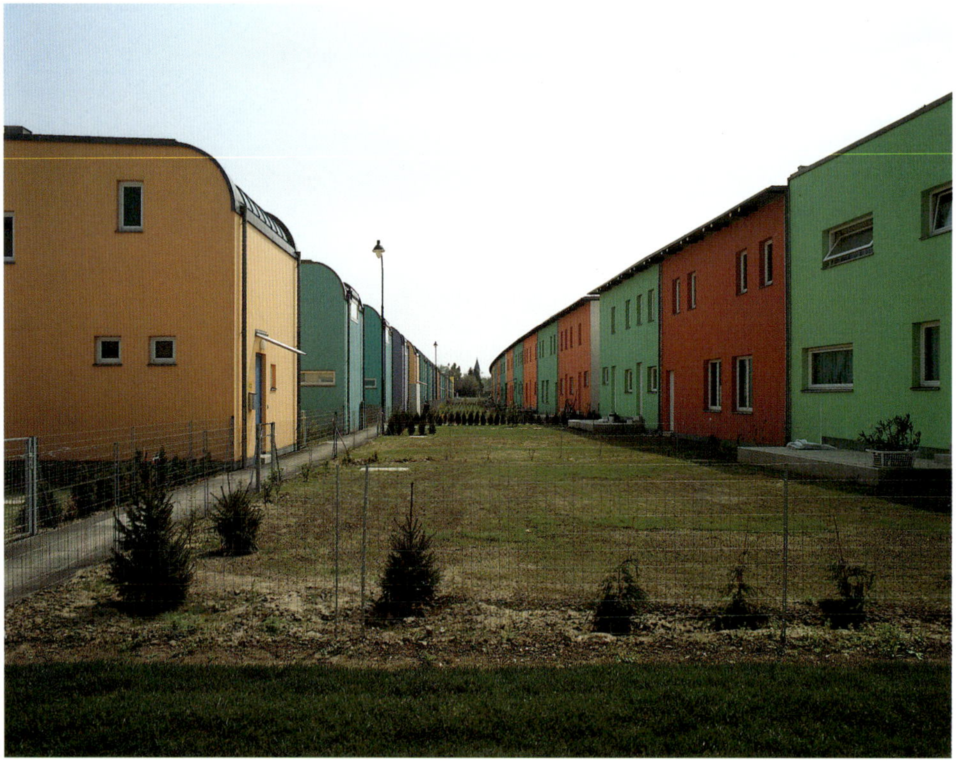

Adolf Krischanitz

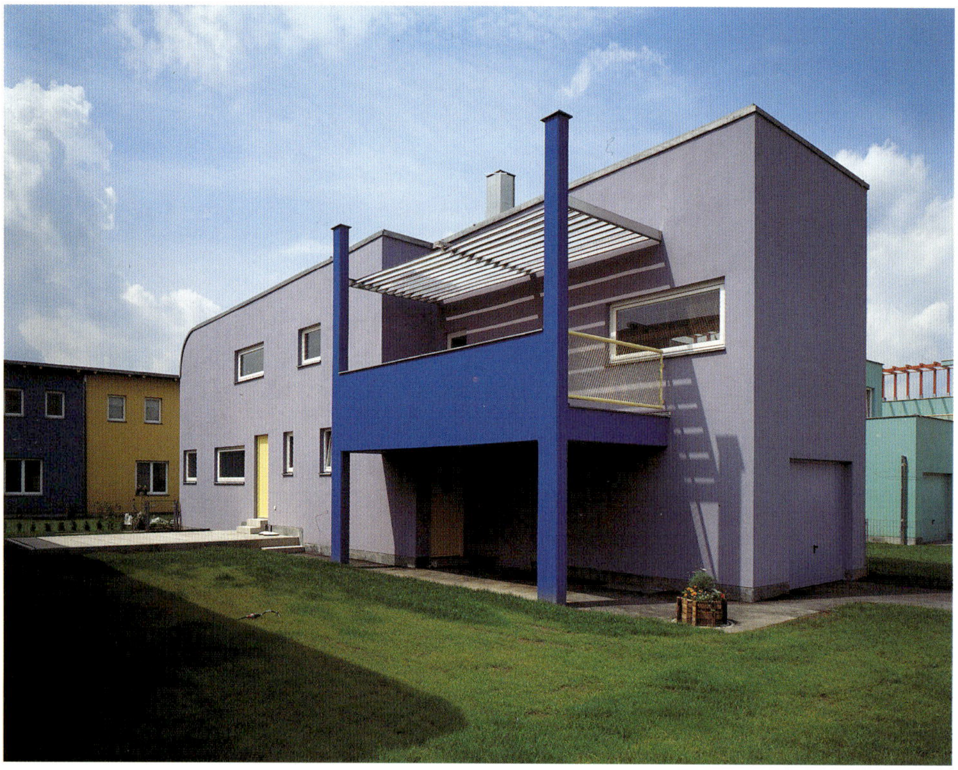

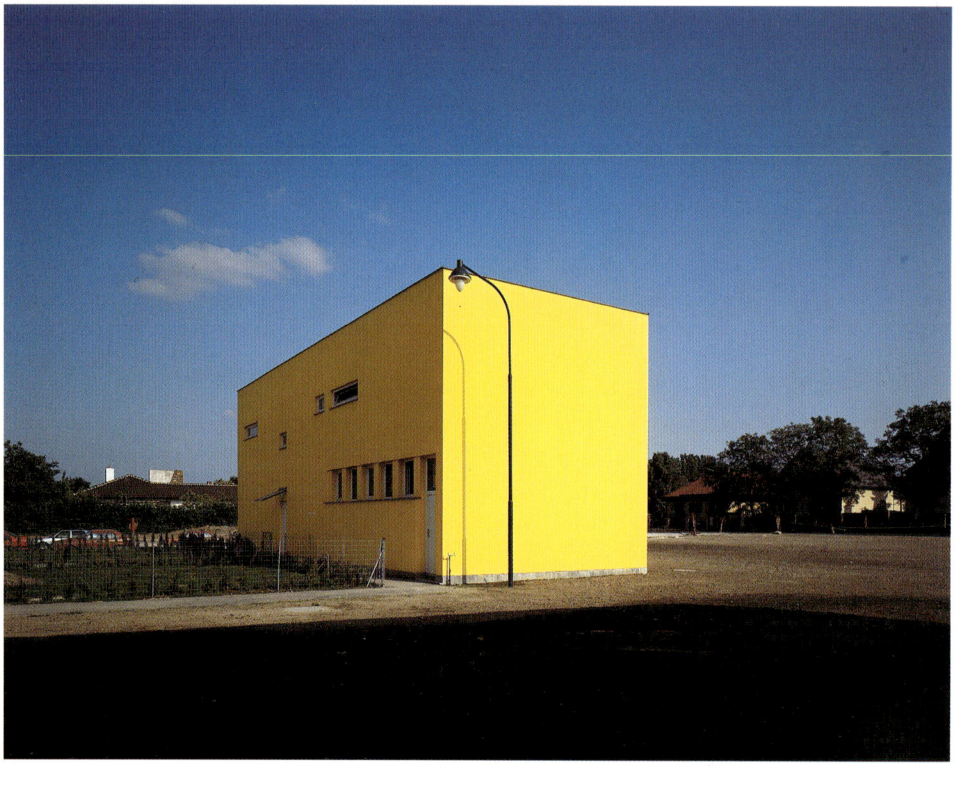

Adolf Krischanitz

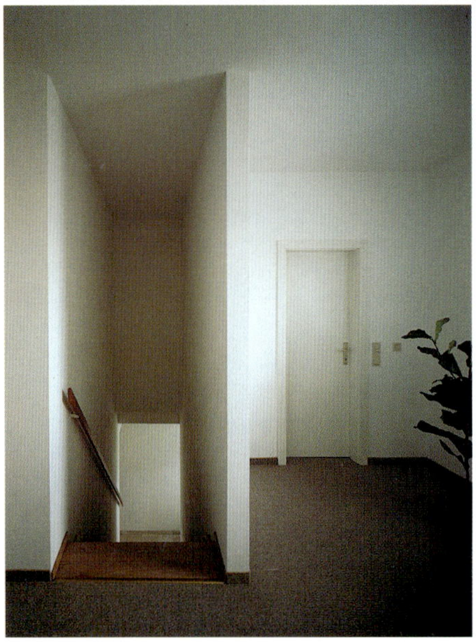
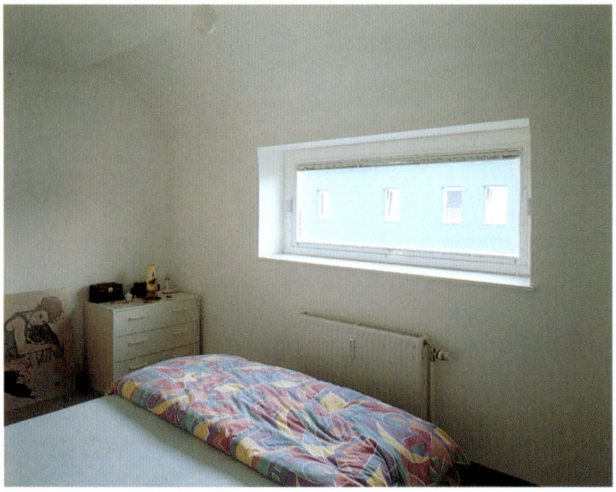
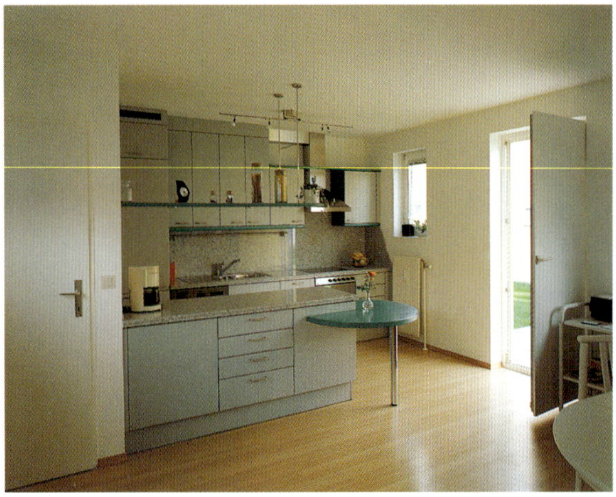
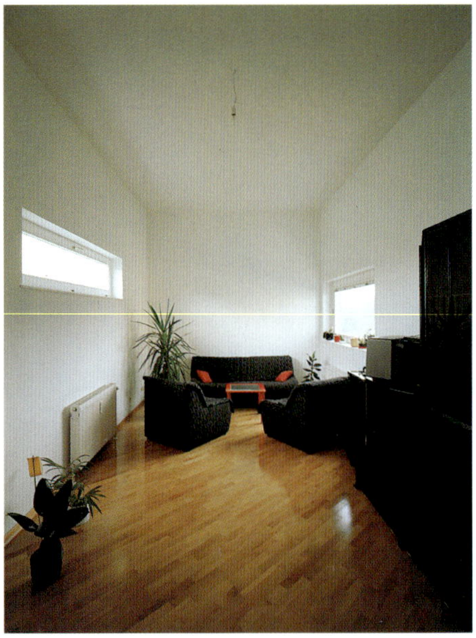

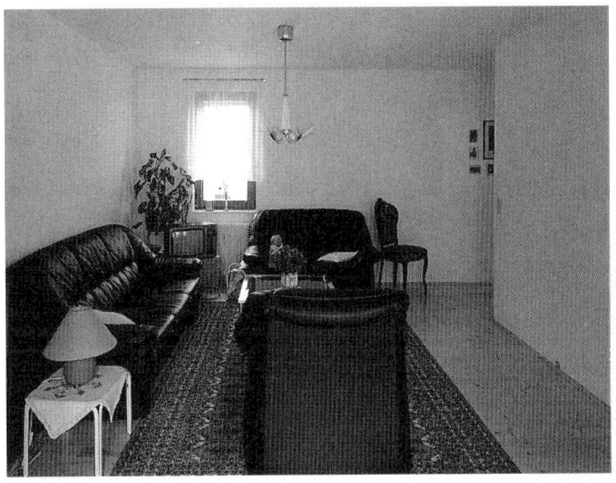

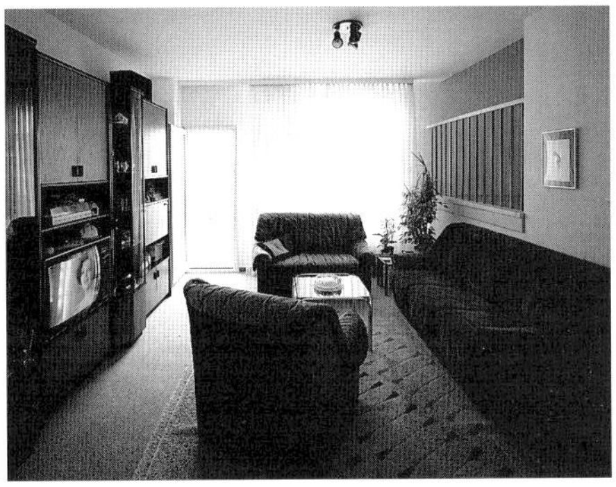

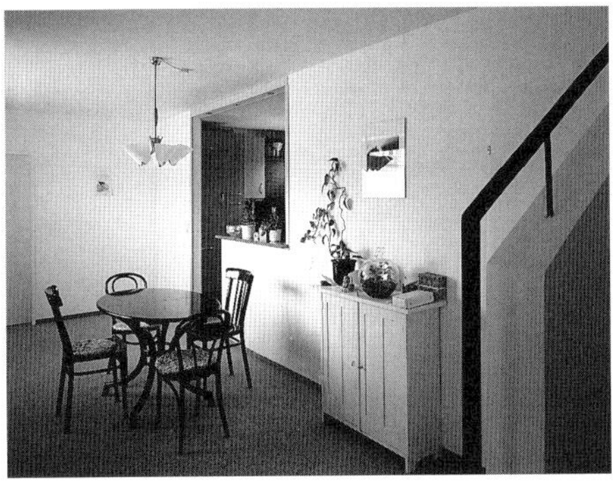

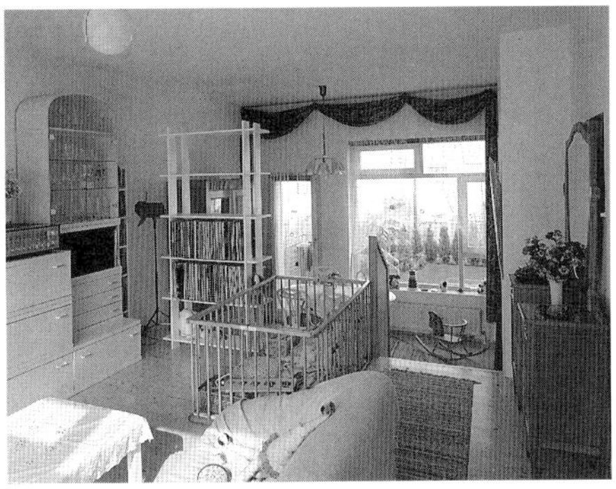

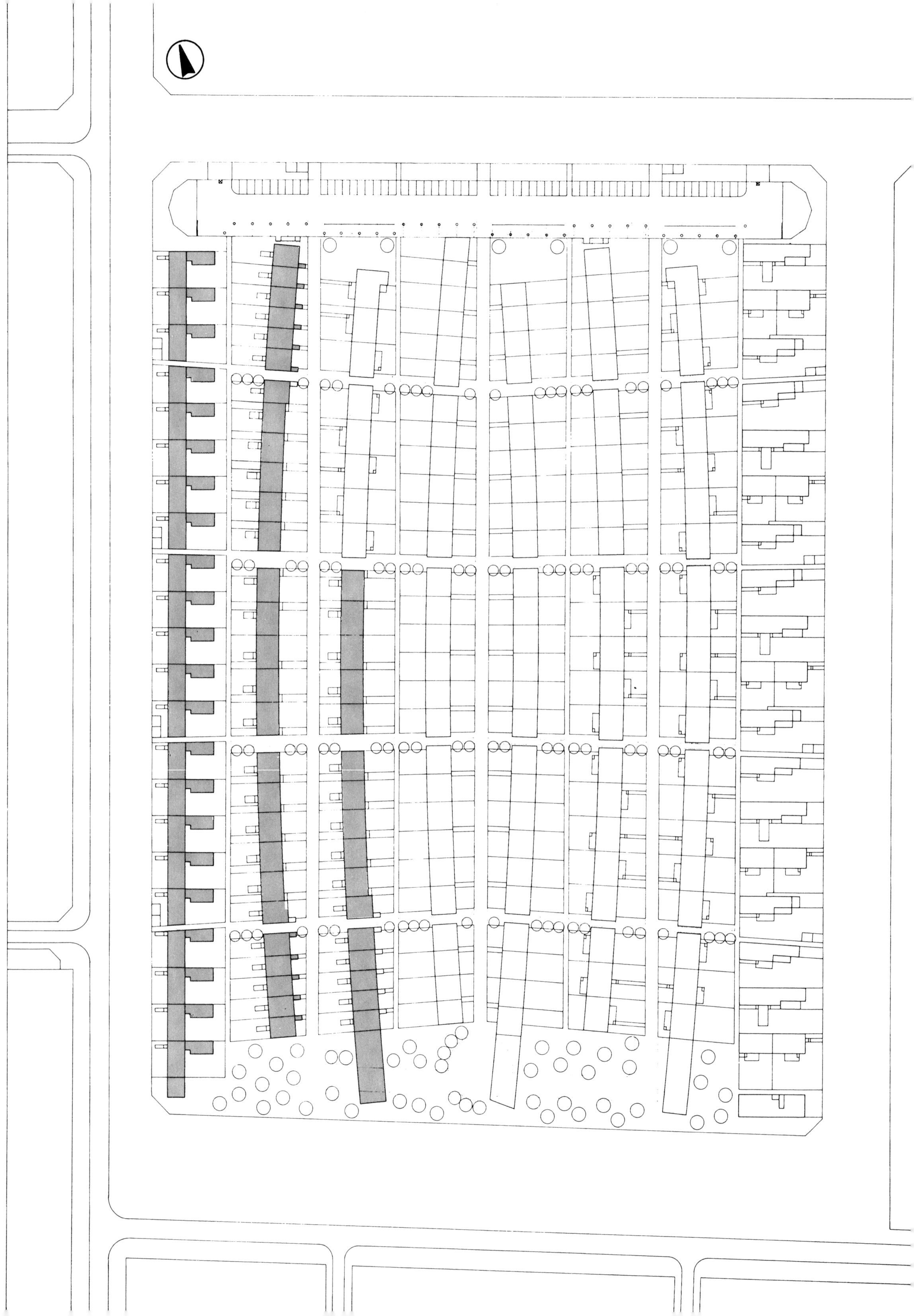

Dorothee Huber
Mimik und Gestik
Der Beitrag von Herzog & de Meuron

Die Voraussetzungen, die dem Siedlungsentwurf in seiner Gesamtheit wie auch den zweieinhalb Häuserzeilen im einzelnen zugrundeliegen, sind einerseits in der Architekturgeschichte des modernen Siedlungsbaus, andererseits in der individuellen Bauerfahrung der Architekten Jacques Herzog und Pierre de Meuron zu suchen. Die Kenntnis des Siedlungsbaus im deutschsprachigen Raum seit den mittleren 1920er Jahren darf als aufgearbeitet angenommen werden; die Lehren aus dieser Erfahrung sind den Architekten zum verbindlichen Allgemeingut geworden. In diese Traditionslinie fließen nun aus einer anderen Quelle Erkenntnisse ein, geeignet, dem Aspekt der Form zu neuer Berechtigung zu verhelfen. Es sind dies Erkenntnisse aus der zeitgenössischen bildenden Kunst, Aspekte der Wahrnehmung elementarer Formgesetze, die einer Architektur, die sich erneut ihrer eigengesetzlichen Qualitäten zu vergewissern sucht, neue Anstöße vermitteln. Diesen Weg beschreiten Herzog und de Meuron seit über zehn Jahren mit einiger Konsequenz und erreichen – mit wachsender Sicherheit, Gelassenheit auch – in ihren jüngsten Werken gerade in der Beschränkung der Themen und der architektursprachlichen Mittel eine eigenartige, physische Präsenz des Gebauten.

Anders als Krischanitz, der die Farbe als Malerei, als Kunst in ein Dialogverhältnis zum Gebauten bringt, suchen Herzog und de Meuron die wahrnehmungsanalytischen Qualitäten künstlerischer Konzepte als analoges Feld für die architektonische Arbeit nutzbar zu machen.

Von Zeile zu Zeile
Wer sich der Siedlung vom alten Dorfkern von Aspern nähert, stößt zunächst auf die gerade Zeile, die den westlichen Abschluß des Ensembles bildet, eine rund 250 Meter lange, sparsam gegliederte Front von 22 Hauseinheiten, zusammengefaßt in Blöcken zu drei, vier und fünf Häusern. In der Ansicht schließt sich die Zeile über die schmalen Lücken hinweg zu einem einzigen langgestreckten Baukörper zusammen. Diesen Eindruck unterstützt die markant auskragende Dachplatte, die in der Flucht als kräftig durchgezogene Linie in Erscheinung tritt. Zusammen mit der beschatteten und zudem noch dunkel verkleideten Zone unter dem Dach wird hier, formal und farblich bekräftigt, ein entschiedener Abschluß des Bauwerks, des Siedlungskörpers gar, gegen den großen Himmel formuliert.

In die dunkle Kranzgesimszone sind in regelmäßiger Anordnung drei Fenster eingelassen, zwei wenig hohe Schlitze (vor dem Korridor) und ein etwas höheres Fenster (vor dem Schlafzimmer). Im Bereich dieses dritten Fensters ist die dunkle Verkleidung nach unten gezogen, eine formale Maßnahme von entscheidender Auswirkung für die Kom-

Westliche Zeile
als Abschluß der Siedlung.

Westliche Zeile, Frontalansicht.

Blick zwischen
die erste und zweite Zeile.

Erste Zeile, Rückfassade.

position der Fassade: ein kleines helles Feld in dunklem Grund, das sogleich in Beziehung tritt zu den dunklen Feldern der übrigen Öffnungen in der hell getönten Wand. Nimmt man einen Fassadenausschnitt frontal ins Blickfeld, ergeben sich zwei diagonale Kraftlinien, die in dynamischer Konkurrenz von oben zu der entfernteren Türe der gleichen und zur näheren Türe der benachbarten Hauseinheit ziehen. Dies ist ein irritierendes Moment: Das an den Reihenhaussiedlungen der Zwischenkriegszeit (Walter Gropius, Ernst May, Hans Schmidt, Max Taut) geschulte Auge sucht zunächst die Regelordnung des Einzelhauses zu begreifen, um dann in einem nächsten Schritt den übergeordneten Rhythmus der Zeile zu erkennen. Dies soll hier nicht so leicht gelingen. Kein orthogonales Liniensystem ordnet die Elemente einander in einfachen geometrischen Beziehungen zu; die Fassadenordnung gibt keinen leicht lesbaren Aufschluß über die vertikale und die horizontale Einteilung des Hausinnern im Sinne der alten funktionalistischen Lehre. Die Fassade gebärdet sich vielmehr als selbständige, durchgehende Tafel, in die die Öffnungen in einer irritierend schwimmenden Anordnung als Löcher eingeschnitten sind. Gewiß geben die großen Öffnungen der Haustüren einen ersten Anhaltspunkt: hier kann die analysierende Lektüre einsetzen und in der Flucht einen gleichmäßigen Takt erkennen. Doch dann folgt sogleich die dazwischenliegende große Fläche mit den drei kleinen Lochfenstern in ungebundener, rätselhafter Beziehung. Diese Lochfenster entziehen sich jeglicher rational auflösbarer Zuordnung und behaupten ihren formalen Eigenwert, aufgehoben allein als selbständiges Element in einer übergreifenden seriellen Komposition.

Betritt man auf der Rückseite dieser ersten Reihe den Innenraum der Siedlung, wird diese zu jener Geraden, an der sich die Spannung der geschwungenen zweiten Zeile auflädt, eine räumlich überraschende Erfahrung. Stellte sich die äußere Fassade als mauerhaft geschlossene Front dar, wird hinten durch die dem Zeilenkörper angefügten niedrigen Körper eine gewisse Auflösung erreicht. Ein einfaches additives Prinzip regelt die Beziehung von großem zu kleinem Körper, von Fenster zu Fenster, von Haus zu Haus. Stehen die Elemente auf der Außenseite in einem aufregenden Spannungsverhältnis, tritt hier hinten eine Beruhigung ein, vermittelt durch den jambischen Takt von vortretenden und zurückweichenden, von flächenhaft geschlossenen zu offeneren Partien. Die drei regelmäßig gesetzten Fenster im Obergeschoß sowie das kleine Fenster im angehobenen Erdgeschoß sind, von einem breiten dunklen Rahmen gefaßt, in die äußere Mauerschicht gesetzt und erscheinen – im Gegensatz zu den in die Mauer eingeschnittenen Lochfenstern – als aufgelegte Tafeln, Bildern gleich, die an die Wand gehängt sind.

Eine Freitreppe führt auf der Westseite ins angehobene Erdgeschoß, in dem gegen die Straße die Küche und gegen den Hofgarten eine Halle angeordnet sind, von der in der Achse des Hauseingangs einige Stufen hinunter in den Wohnraumanbau führen. Die Halle erhält so zentrale Bedeutung in der Art eines Brückenpodestes; hier münden alle Wege von innen und außen, von oben und unten; als «Durchwohnen» charakterisieren die Architekten diese mehrfache Beziehung zwischen Straßen- und Hofseite.

Der große Raum im Untergeschoß steht allen möglichen Nutzungen als Arbeits-, Freizeit- oder Abstellraum offen (in der funktionalen Bestimmung und Zuordnung mag dieser Raum ein Vorbild haben im Kleinhaus von Hans Bernoulli in der Mustersiedlung der Wohnausstellung WOBA in Basel 1930).

War die westliche gerade Zeile als offene, potentiell endlose Reihe angelegt, so ist die zweite Zeile an ihren beiden Enden durch einen anders ausgebildeten Haustyp gefaßt. Dieser Haustyp erscheint auch am südlichen Ende der dritten Zeile, dort ergänzt durch den auf Stützen vom Boden abgehobenen Typ. Er ist vergleichsweise schmal und kann so – als Gruppe von fünf oder sechs Einheiten – das stärkste Biegemoment, wie es am Zeilenende gegeben ist, am besten aufnehmen und ausdrücken.

Anders als in der Westfassade der ersten Zeile sind in den Westfassaden der Endgruppen der zweiten Zeile die Hauseinheiten deutlicher als solche erkennbar und verstärkt auf sich selber bezogen. Das Thema einer Mittelachse ist angedeutet, doch nicht eigentlich ausgesprochen. Wohl zielt die Freitreppe auf die Hausmitte, doch dort nur auf die Türe, die jedoch um ein ebenso hohes Fensterelement erweitert und als Ganzes gelesen aus der Mitte der Fassade herausgerückt ist. Mit dem schmalen Fenster auf der einen und dem quadratischen Fenster auf der andern Seite ist die angedeutete Symmetrie unmißverständlich gebrochen. Doch bleibt die Andeutung erhalten, genährt durch die drei gleichartigen Fenster im ersten Obergeschoß, die sowohl als Dreiergruppe – mit einer Störung – als auch als Teil eines die ganze Zeile verbindenden Fensterbandes wahrgenommen werden. Sucht man nun in einem nächsten Schritt nach einer vertikalen Linie zwischen Ober- und Erdgeschoß, so findet sich diese als tatsächliche Mittelachse von mittlerem Fenster, Tür und Freitreppe. Hier erhält die anfängliche Vermutung ihre Bestätigung: Die Fassade ist an einer erkennbaren Mittelachse gespiegelt, wenn auch deutliche Asymmetrien einer Ausgewogenheit im rechnerischen, nicht aber im optischen Sinne entgegenwirken.

Zweite Zeile, Westfassade.

Aus der Zentrierung der Gliederungselemente resultiert ein statisches Moment, eine feste Verankerung der Bauten im Grund, als müßte die Gruppe am Zeilenende dem Biegedruck der Zeile dazwischen standhalten. Der schmale Randtyp greift mit einer Hauseinheit von beiden Seiten über eine Lücke auf die Reihe des Haustyps im Innern der Zeile über, als müßte dieses eine Haus sich physisch – und nicht allein im übertragenen optischen Sinne – mit dem ganzen Gewicht seines Körpers gegen die Spannung der dazwischenliegenden Bogenreihe stemmen.

Auf der Ostseite zeigt dieser Haustyp Lochfenster in der nun schon vertrauten schwimmenden Anordnung und als neues Motiv ein dem Eingang vorgestelltes Kastenelement, das sich als ein aus dem geschlossenen Baukörper herausgetriebener Vorraum erweist. Wie schon bei den Häusern der ersten Zeile vermittelt auch hier ein durchgehender erhöhter Hauptraum zwischen den beiden Hausseiten. Dem gleichen Prinzip folgt auch die Einteilung des Obergeschosses mit seinen zwei, respektive drei Zimmern, die hier – etwas anders als beim Hoftyp mit dem breiten Außengang – beide Außenbezüge gleichwertig zeigt.

Zweite Zeile, Ostfassade.

Dritte Zeile, Ostfassade.

Dritte Zeile mit
aufgeständertem Endtyp.

Der vierte und der fünfte Haustyp im Innern der zweiten und der dritten Zeile differieren (wie schon die Häuser der ersten Zeile) einzig in der Hausbreite, die in der Zeilenmitte größer, gegen das Zeilenende geringer ist. Diese Entscheidung ist auch hier zu lesen als eine Darstellung der optischen Funktion der Kräfte, die in der Zeilenmitte die stärkste Dehnung bewirken. Bei diesen Häusern kommt das Kellergeschoß ebenerdig zu liegen und ist deutlich als Sockelgeschoß ausgebildet. Dank der Stützenkonstruktion im Innern und der Verkleidung mit rohen hochrechteckigen Betonplatten erscheint das Wohngeschoß ausdrücklich angehoben und mit dem Balkon auf der Ostseite gar in den Rang eines Piano Nobile erhoben, alles dies vorgetragen in einer knappen, harten Sprache. Eine farblich als dunkle Zone wirksame Verdichtung erfahren die Fenster des Obergeschosses, die auch hier unmittelbar an die weit auskragende Dachplatte stoßen.

Als letzter zu nennen bleibt der Typ am südlichen Ende der dritten Zeile, der im verschränkten Wechsel mit den andern Zeilen der Siedlung über die innere Begrenzung vortritt und seine primadonnenhafte Singularität als erdgeschoßloses Haus auf Stützen mit spröder Grazie behauptet.

Die gleichförmige Reihung – als Gleichheitsprinzip in der Kultur der Siedlung soziales und ökonomisches Gebot wie auch städtebauliches Ordnungsargument – ist hier in einer gewissen strukturellen Spanne als Gleichartigkeit ausgelegt, Gleichartigkeit als kompositorische Klammer, als streng gefügte Syntax, die eine unkontrollierte Ausweitung der Vielfalt ins Beliebige a priori unmöglich macht.

Zwischen den Zeilen

Die Baukörper der Zeilen sind eines. Deren innere kompositorische Logik auf dem Wege einläßlichen Beschreibens zu erkunden, führt in eine Richtung, nicht jedoch zum einzigen Ziel der Architektur der Siedlung. Ein anderes sind die Räume zwischen den Hauszeilen und am Zeilenende ebenso wie die Lücken zwischen den Hausgruppen. Diese zeigen sich bald stumpf, abweisend und brüskierend begrenzt, bald offen und voller Spannung. In den Fassaden der einen und der gegenüberliegenden Zeilen sind Korrespondenzen angelegt, die ein virtuelles Netz von Beziehungen zwischen den Zeilen spannen und die Komposition der Fassaden aus der Fläche in die dritte Dimension erweitern.

Als Folge der gerade geführten Straßen und Wege zwischen den gebogenen Zeilen variiert die Gartentiefe auf den beiden Hausseiten von Haus zu Haus. Eine hierarchische Bestimmung von schmalem Vor- und tiefem Hauptgarten läßt sich bei den Zeilen im Siedlungsinnern nicht vornehmen, und demzufolge hebt sich konsequenterweise auch die eindeutige Identifizierung einer Hausseite als Vorder- oder Rückseite auf. Dieser Auflösung eines traditionsreichen Musters entsprechen auch die Grundrisse, die die Beziehung von Garten zu Garten quer zu den Zeilen betonen und eine potentielle Durchlässigkeit des Lebens in der Siedlung erlauben.

Beschreibt man das Leben in der Siedlung als Bewegung, so ist diese hier gegenüber den älteren Vorbildern der Reihenhaussiedlung mit ihrer dominierenden Bewegungsachse parallel zu den Zeilen um eine nächste Linie quer zu dieser erweitert. Diesem offenen System von möglichen Bewegungslinien entspricht auch die Formulierung der Fassaden in sinnfälliger Weise. Mögen sich diese dem ersten Blick als hermetische Figur darbieten, können sie sich nach einer Zeit des Einlesens (und des Einlebens) auftun als stilles Programm, nach dem das Gehen längs und quer durch die Siedlung Erlebnis wird.

Nachtrag zur Vorgeschichte

In einem ersten Entwurf hatten Herzog und de Meuron für die Fassaden ein zweifarbiges vertikales Streifenmuster vorgesehen. In Entsprechung zur oben beschriebenen Dehnung der Grundrisse im Zeileninnern wären die Streifen nach außen schmaler geworden und hätten so die Krümmung der Zeile unterstützt, ohne die einzelne Hauseinheit zu überspielen. Unterschieden hätten sich die Streifen durch die Tönung und die Textur des Naturputzes, der hier noch ohne Anstrich einzig als Materialfarbe in Erscheinung getreten wäre. Dieser erste Entwurf zeigt die Fenster in die Streifengeometrie eingeschrieben, sei es, daß diese die ganze Breite des Streifens einnehmen oder an einer vertikalen Linie angeschlagen sind (s. Abb. Seite 19).

Der Bauherr scheute das Risiko eines reinen Naturputzes und verlangte einen Anstrich. Da die Streifen nun nicht mehr im Arbeitsgang, das heißt im Aufziehen des Putzes begründet waren, verzichteten Herzog und de Meuron auf diese und erarbeiteten zusammen mit dem Künstler Helmut Federle ein eigenständiges Farbkonzept. Die Gliederung der Fassaden mit Türen und Fenstern blieb erhalten und mit ihr – in der Funktion von unsichtbaren Hilfslinien – die Idee der Streifenordnung.

In dieser Entscheidung – und dies gilt für den Entwurfsvorgang in seiner Gesamtheit – ist eine schrittweise Befreiung zu sehen, eine Emanzipation von überkommenen Mustern, wobei der Ausgangspunkt erkennbar bleibt und sich vermittelt als Referenz, vor der das neue andere Gestalt erhält.

Helmut Federle
Statement zur Farbgestaltung bei Herzog & de Meuron

Ich distanziere mich in aller Deutlichkeit von dem überstrichenen Feinputz sowie den überstrichenen Duripanel Sockel-Platten und den überstrichenen Sichtbeton-Windfängen beim Haustyp C. Alle diese zusätzlichen Farbanstriche entstanden auf Grund eines diktatorischen Zwangs von Seiten der Mieter und der Hausverwaltung und entsprechen nicht meiner Achtung und meiner Absicht, die Naturmaterialien in ihrer eigenen Schönheit und Würde zu belassen. Sie sind Ausdruck einer Entwicklung in Fragen der Ästhetik in der Gesellschaft, die ich für höchst bedenklich halte.
Wien 26. 3. 92

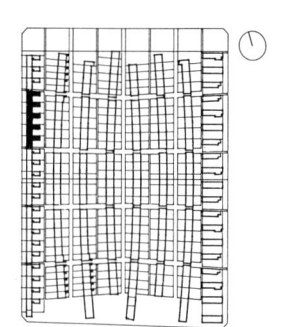

Hoftyp

Schnitt

Seitenansicht

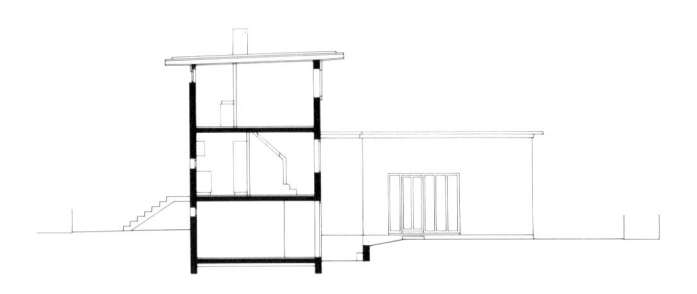

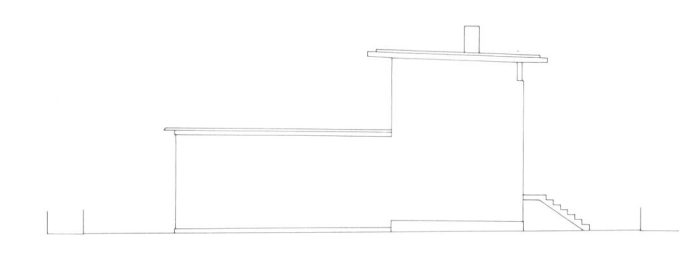

Westfassade

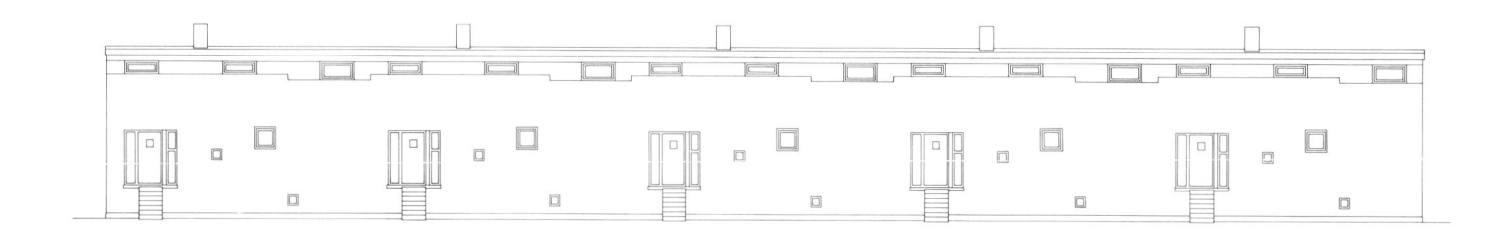

Ostfassade

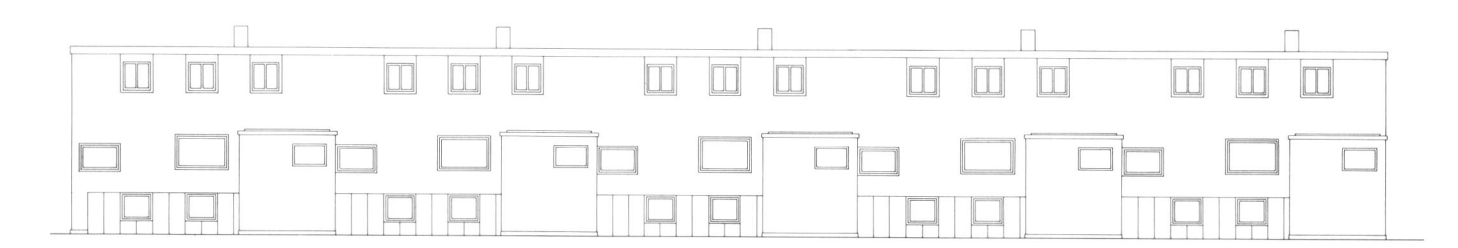

Obergeschoß

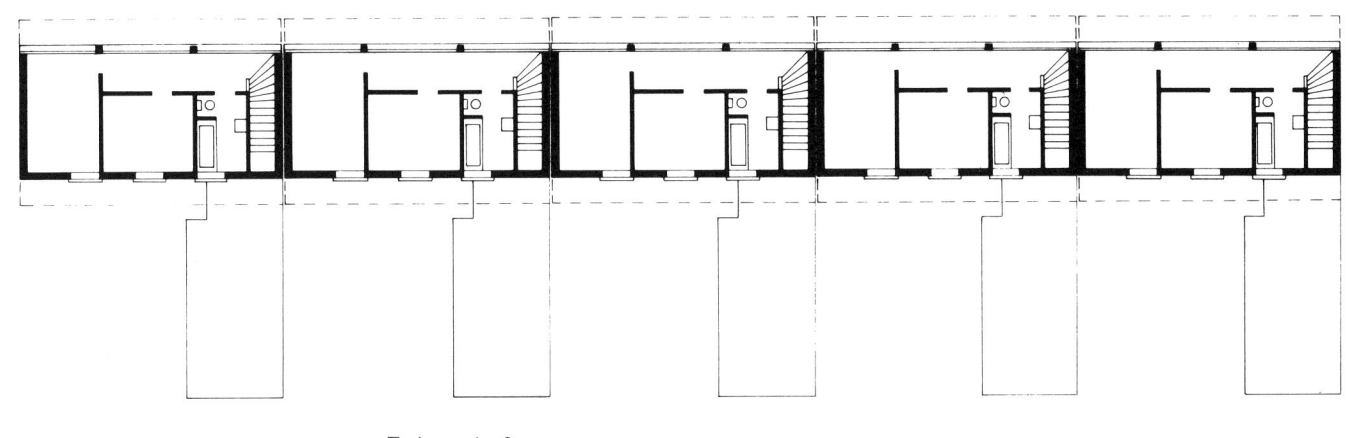

Erdgeschoß

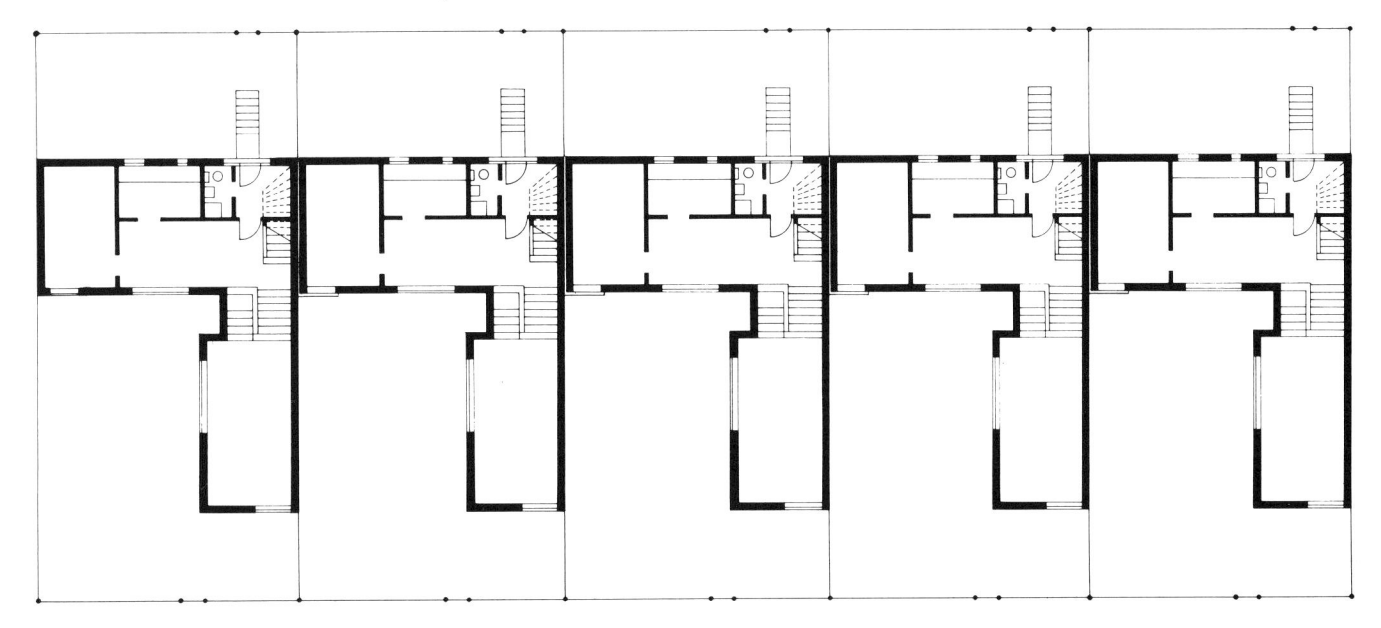

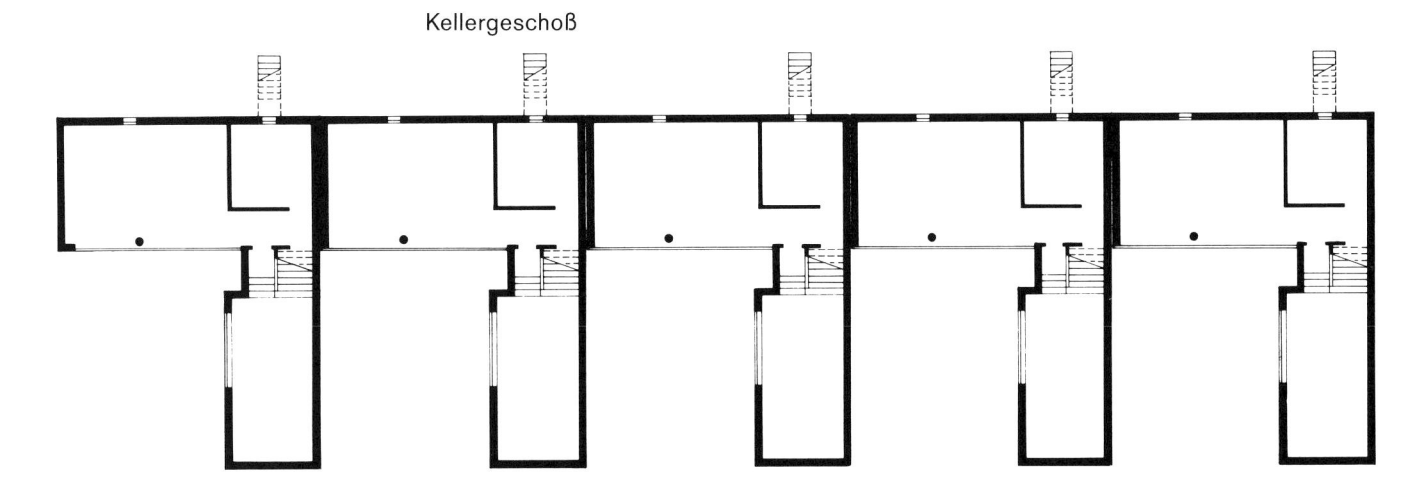

Kellergeschoß

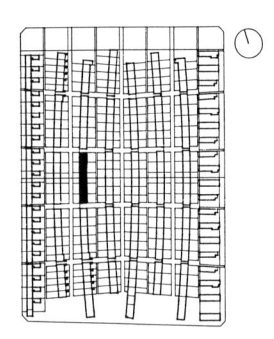

Breiter Mitteltyp

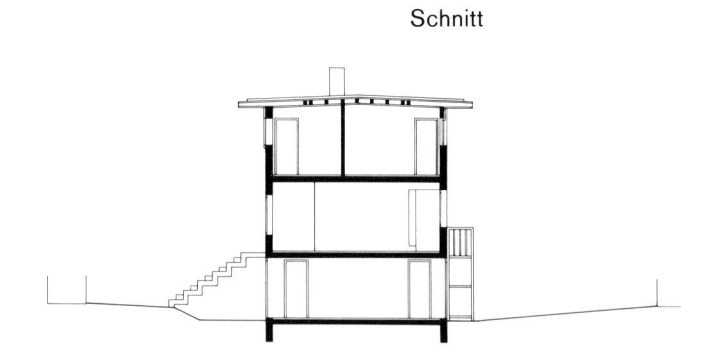

Schnitt

Seitenansicht

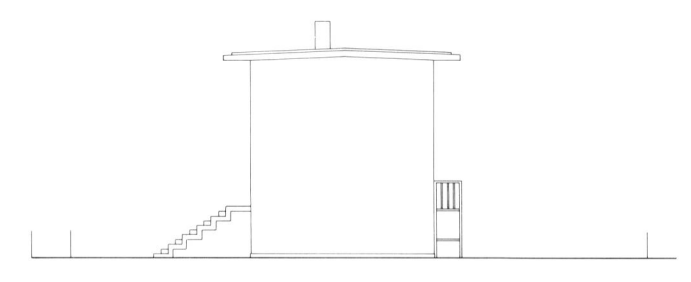

Westfassade

Ostfassade

Obergeschoß

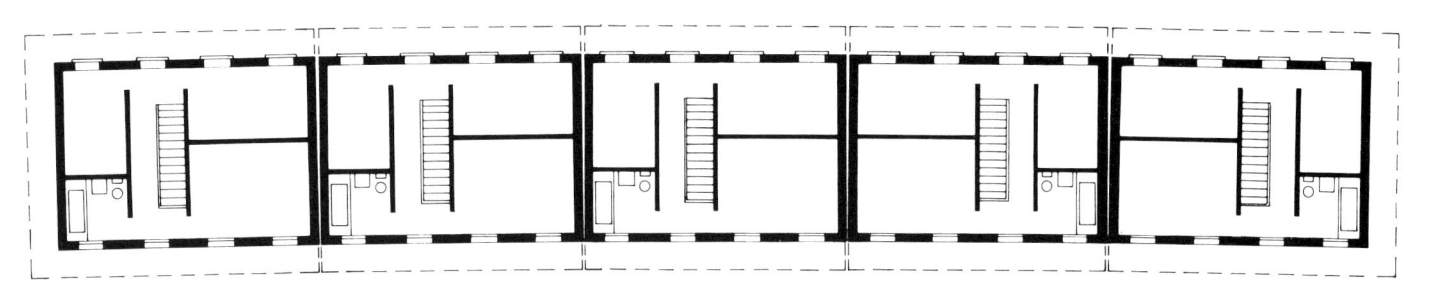

Erdgeschoß

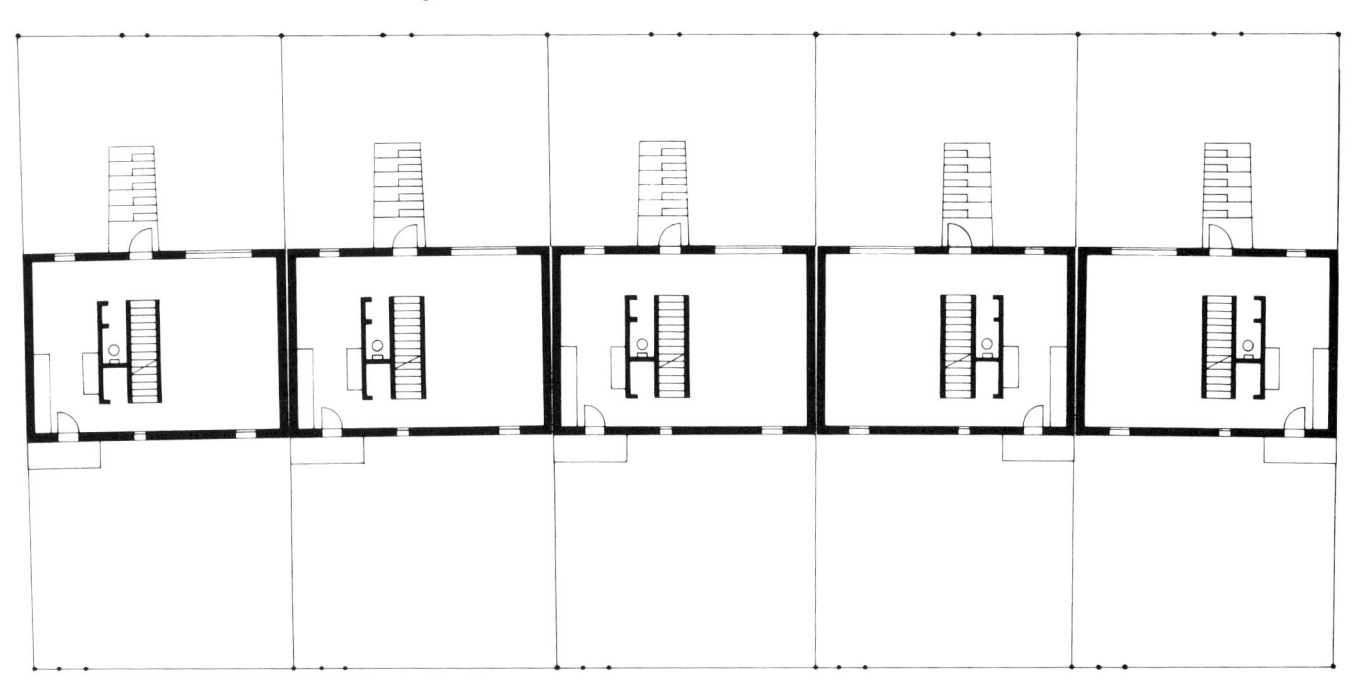

Kellergeschoß

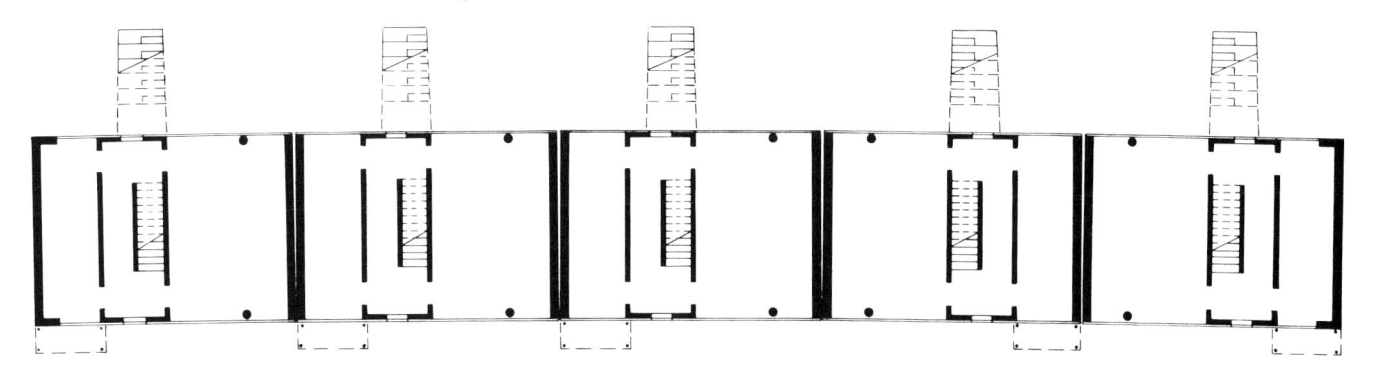

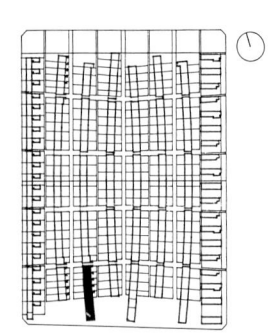

Schmaler Randtyp mit aufgeständertem Endtyp

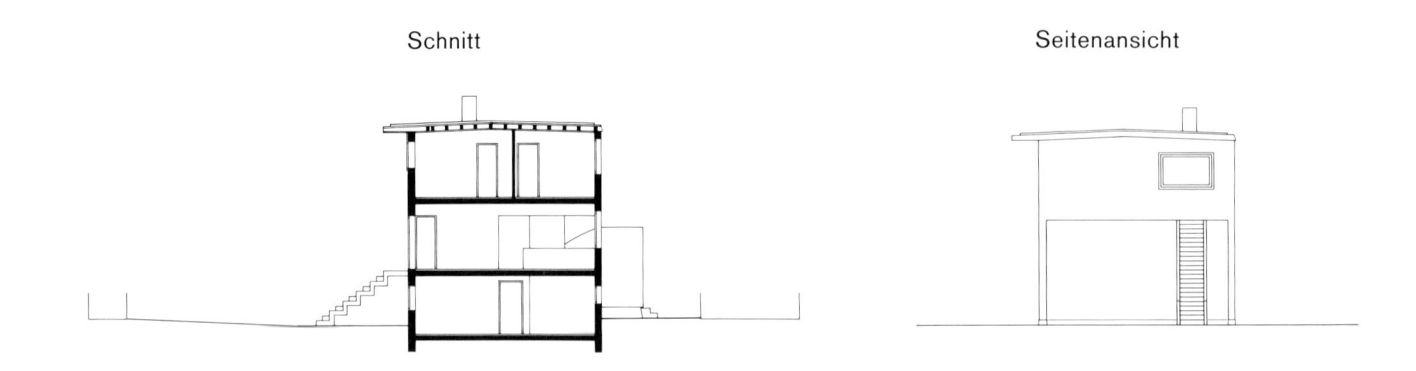

Schnitt

Seitenansicht

Westfassade

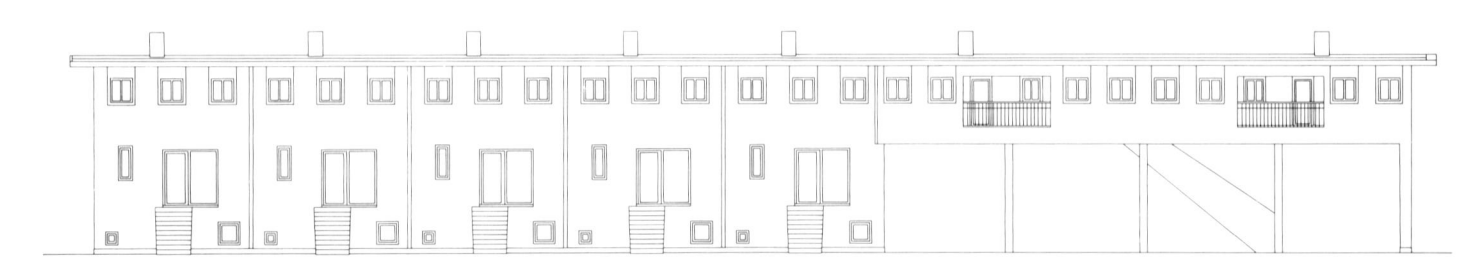

Ostfassade

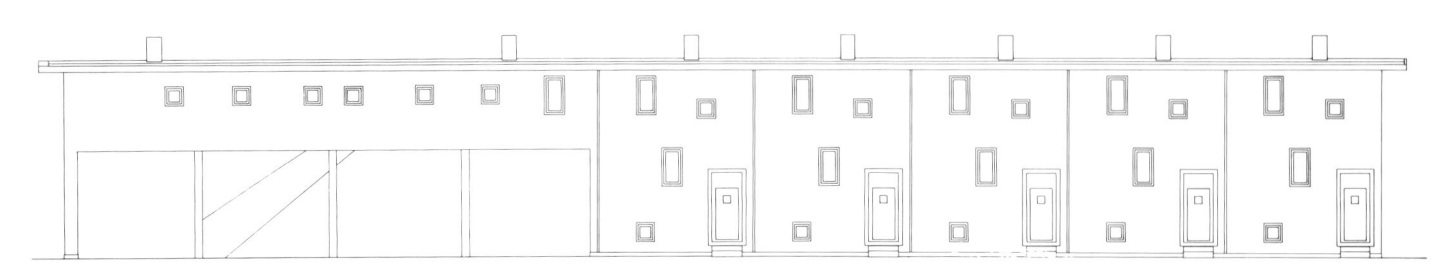

Obergeschoß

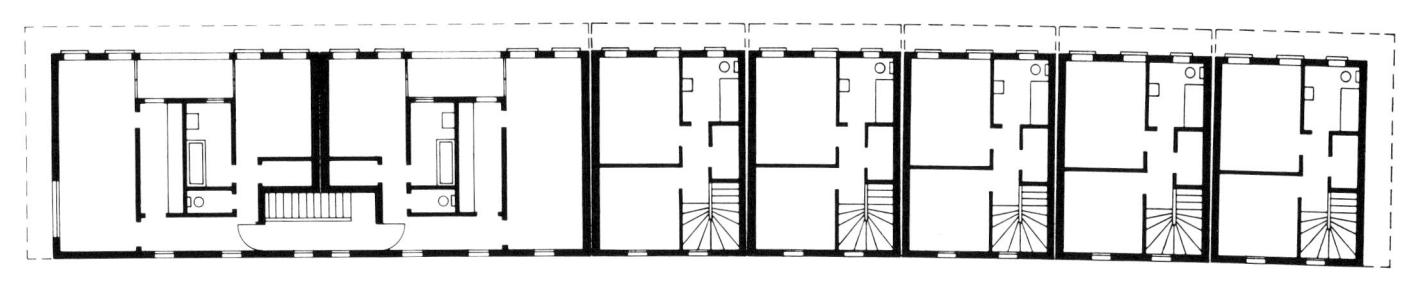

Erdgeschoß

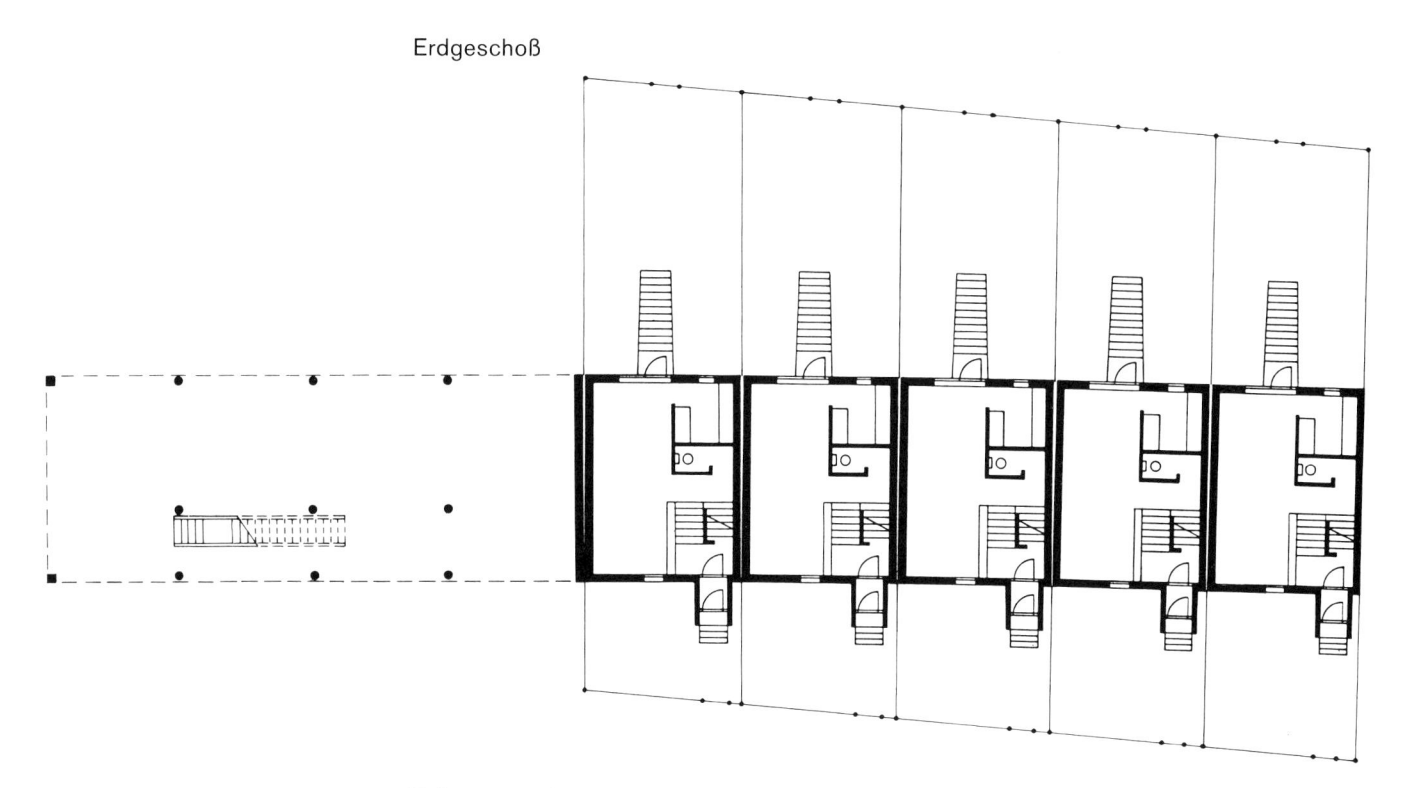

Kellergeschoß

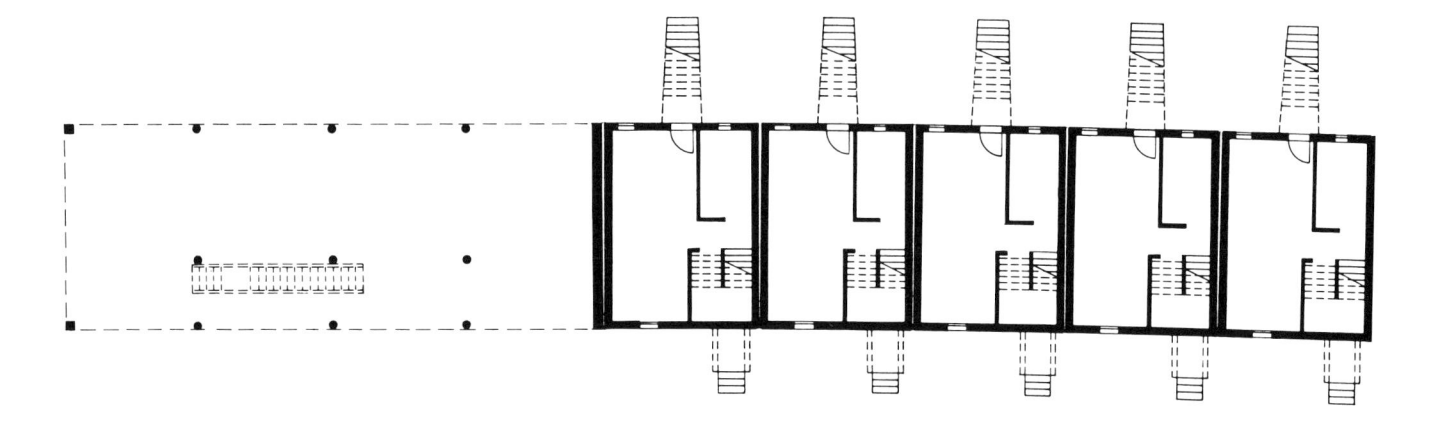

Schmaler Randtyp

Querschnitt

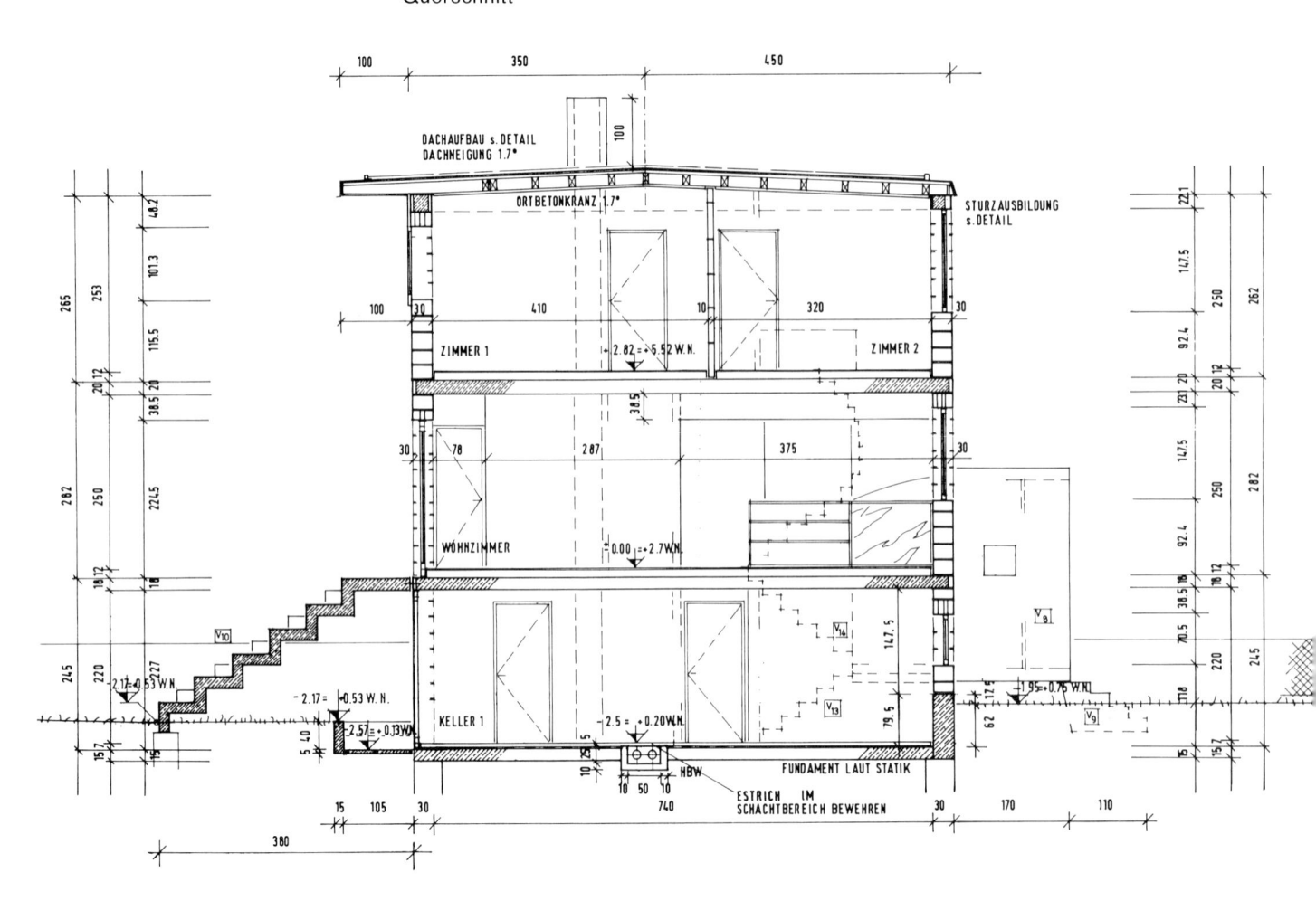

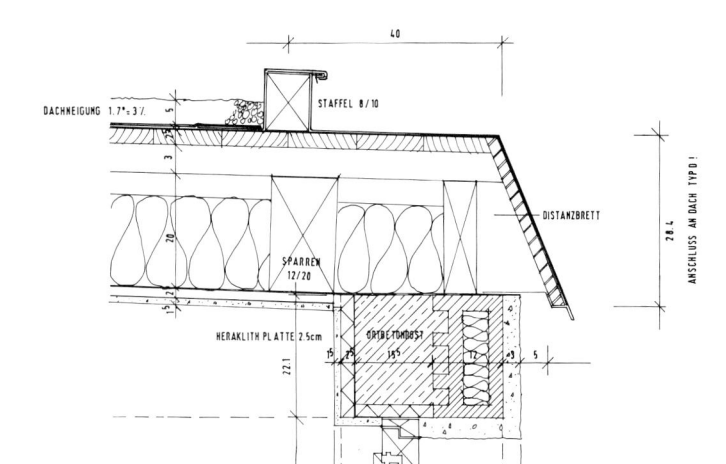

Dachabschluß Ostseite

Längsschnitt durch Windfang

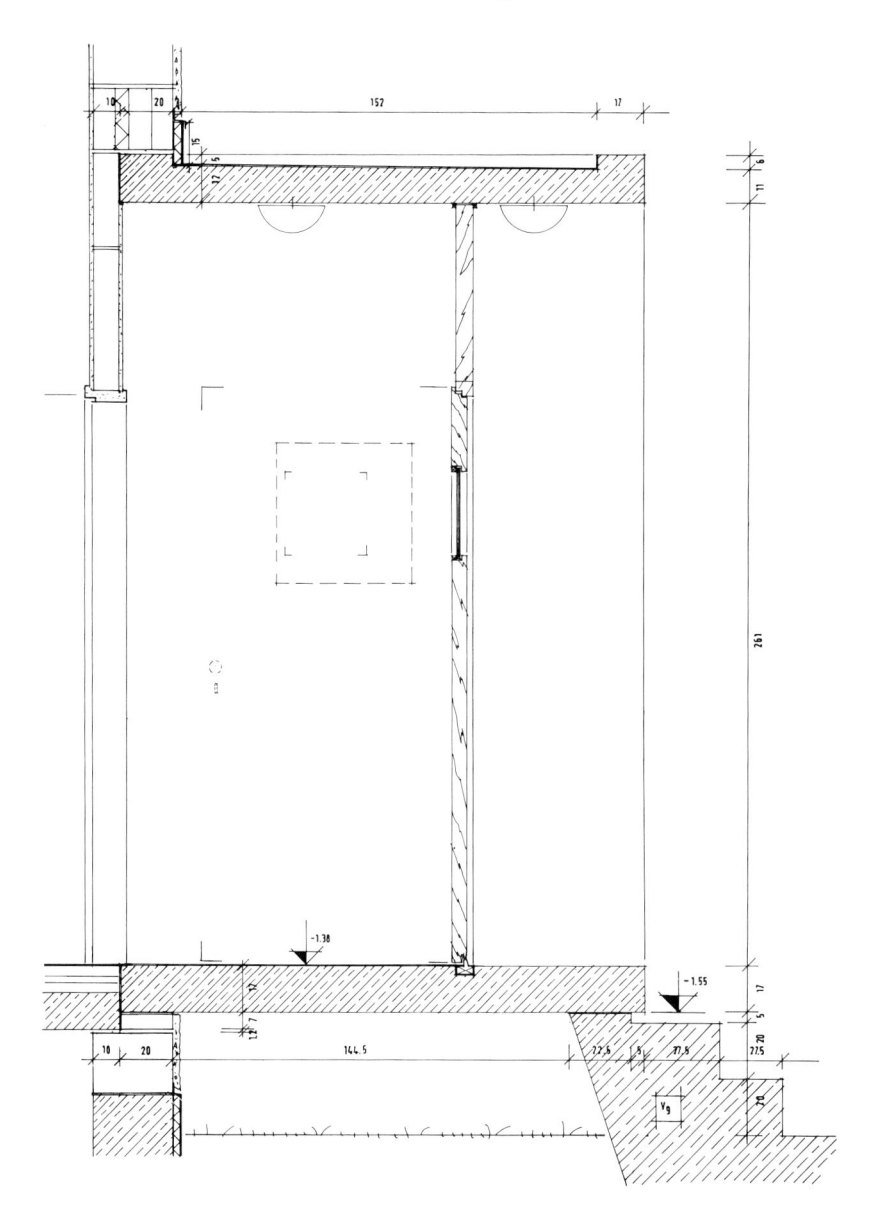

Hoftyp, Erdgeschoß

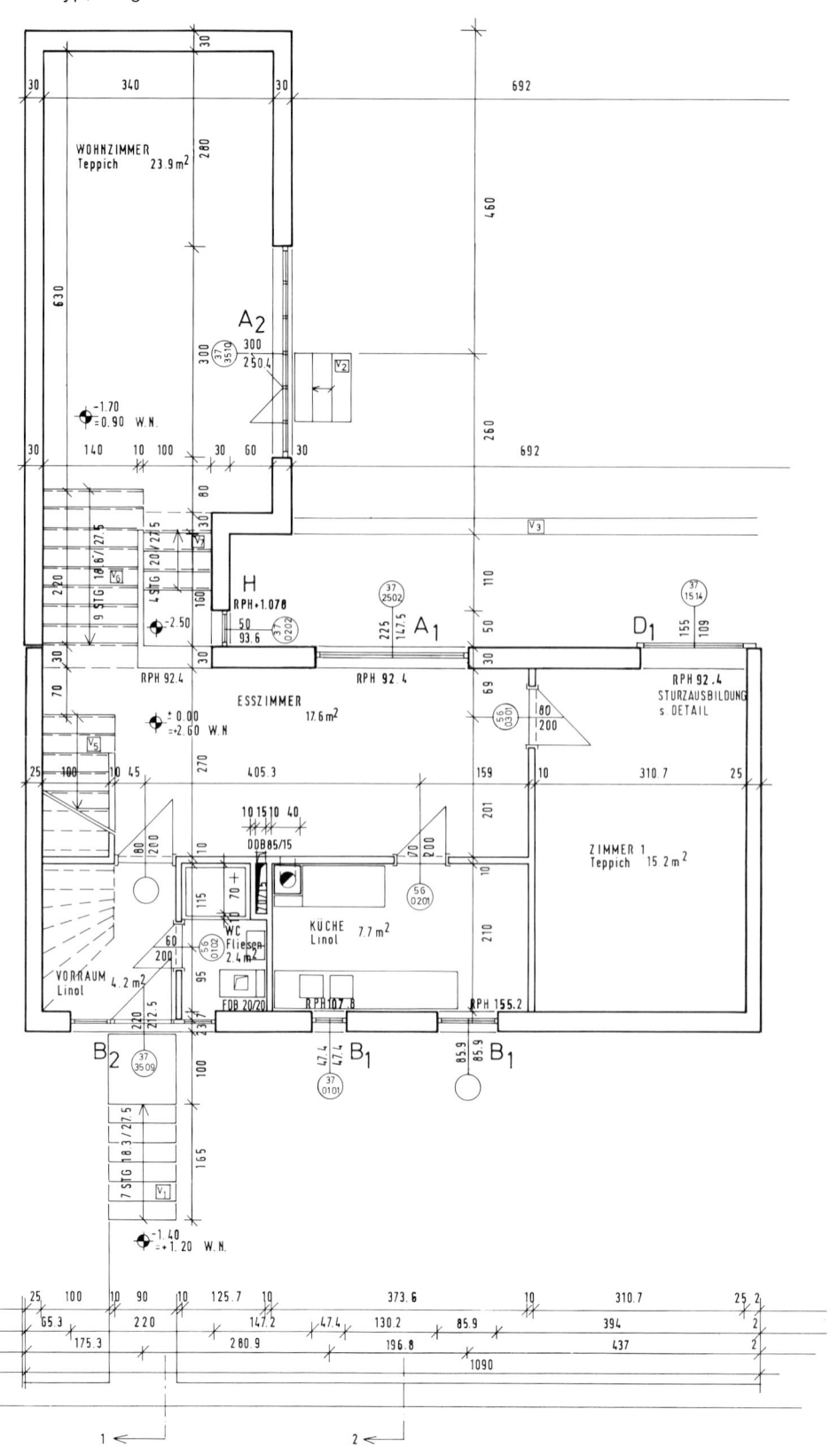

Hoftyp, Dachabschluß mit Fensterband Westseite

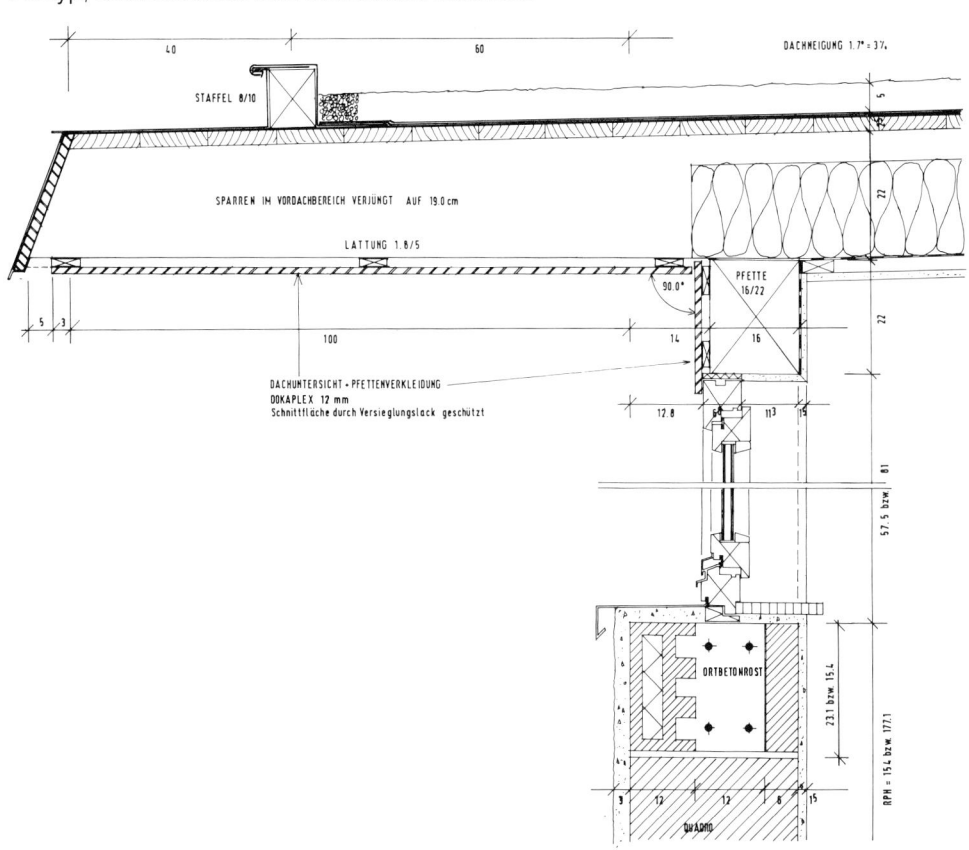

Hoftyp, Grundriß Fensterband

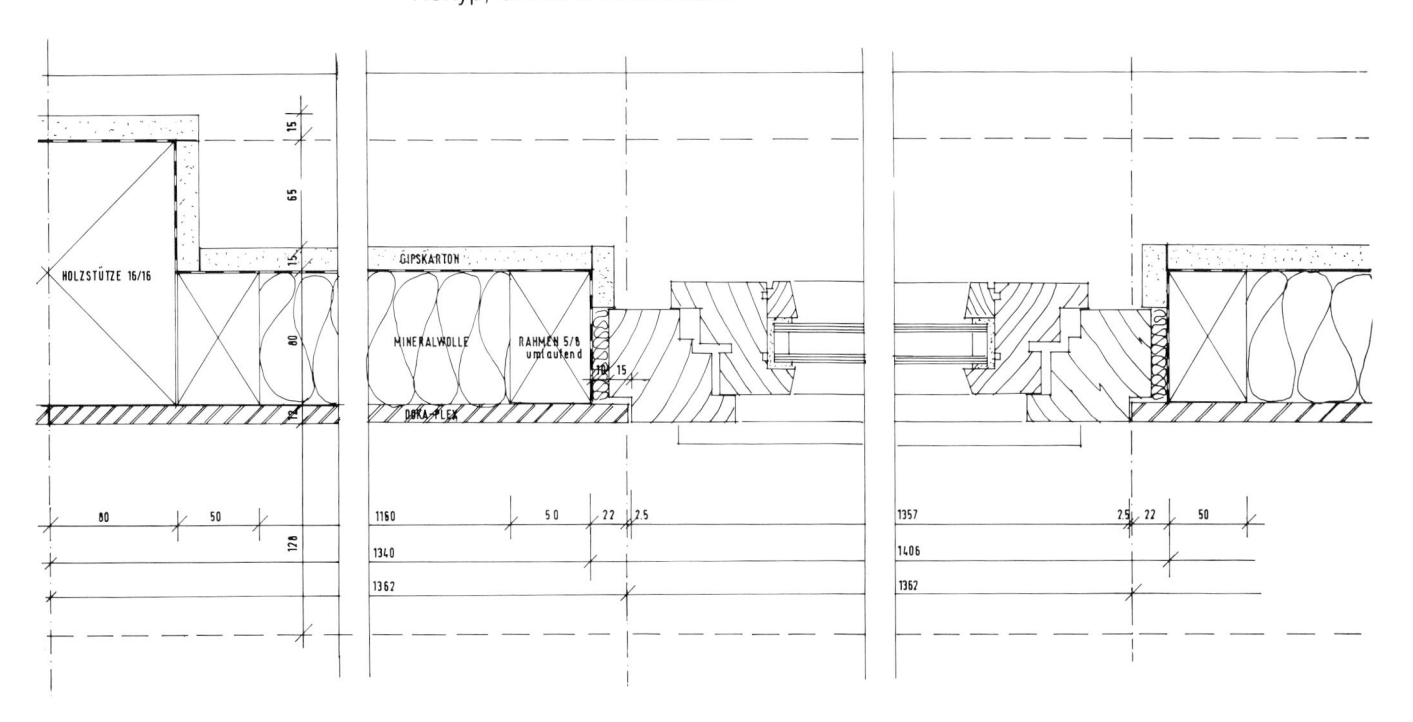

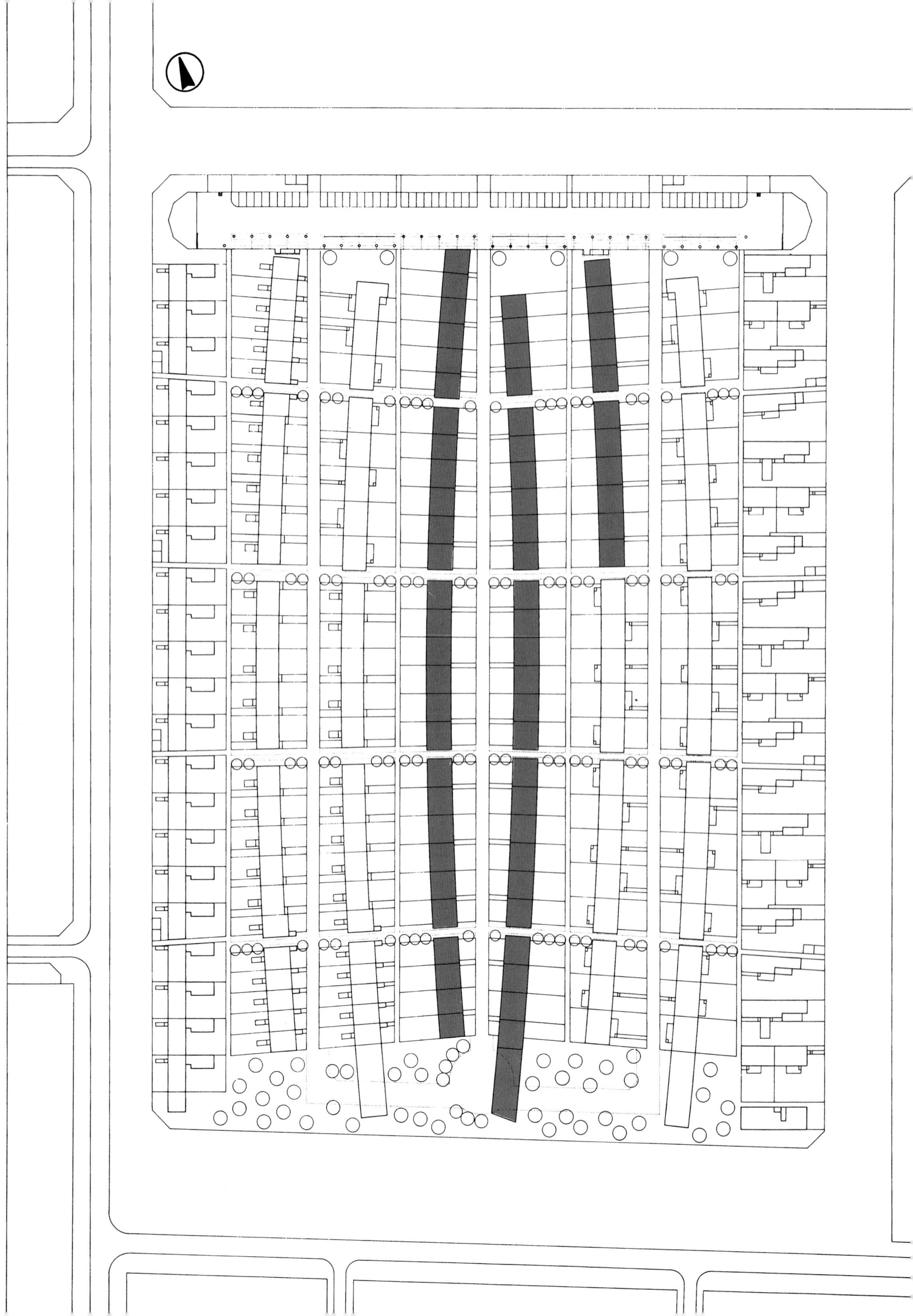

Manfred Sack
Die angedeutete Mitte
Der Beitrag von Steidle + Partner

Blick in die Mittelachse
der Siedlung.

Wenn man die östlichste Reihe, die Einzelhäuser an der Josef Frank-Straße, nicht mitrechnet, trifft auf das Bild dieser Siedlung sogar der alte Hausspruch zu: «Sieben Schichten hat die Zwiebel.» Sie legen sich in Gestalt von Reihenhäuserzeilen mit verhaltenem Schwung um ein Zentrum, das sich ausdrücklich auf seine Andeutung beschränkt, das deshalb auch nur in der elementarsten Version die Mitte formuliert. Dennoch hätte man annehmen können, daß die drei Architekten sich, als sie die Zwiebelschichten untereinander verteilten, in die Haare darüber gerieten, wem von ihnen sie, die Mitte, die (denkt man) prominenteste Lage, gehören solle.

Otto Steidle, dem sie dann schließlich zugefallen ist, hätte wohl nicht wirklich danach geeifert – nicht nur, weil etliche Häuserzeilen ohnehin nicht grundsätzlich von nur je einem Architekten gebaut wurden, in der dritten und vierten Reihe sind sie sogar alle drei vertreten –, sondern weil er, hätte er allein entscheiden dürfen, die Mitte wohl noch unauffälliger, noch «ungenauer» gemacht, sie am liebsten «leicht geschlängelt» hätte. Allerdings hätte das einen anderen Reiz gekostet: die Blickachsen, die teils auf den Asperner Kirchturm im Süden, teils auf die popularistischen Einfamilienhäuser im Norden gerichtet sind.

Tatsächlich kam es hier in keinem Augenblick der Überlegungen auf ein Zentrum an, sondern nur auf einen wahrnehmbaren, sinnlich zu erfahrenden, einen formalen Halt. Wichtiger war für Steidle – so wie für die anderen – ganz etwas anderes, nämlich der Zwischenraum, der die Häuserreihen voneinander trennt und sie zugleich miteinander verknüpft. Infolgedessen gehört es zum Wesen seiner Häuser, daß sie «Durchhäuser» sind, daß sie einen Haupt-, den Vordereingang haben und einen Neben-, den Hintereingang. Das wiederum bekommt erst seinen Sinn durch die beiden Gärten, die zu jedem Reihenhaus gehören, einen vor, einen hinter dem Hause. Und so könnte man meinen – denkt sich Steidle, der die Keller teilweise aus der Erde ragen läßt –, der Garten flösse unterm Haus und durch es hindurch, von hinten nach vorne, von vorn nach hinten. Die Nord-Süd-Situierung der Häuserreihen bringt es mit sich, daß in alle Häuser die Sonne morgens und abends scheint, gleich, mit welcher Seite sie nach «vorn» stehen.

Trotz der Aufmerksamkeit, die der Architekt beiden Häuserfronten gleichermaßen zugewendet hat, sind sie nicht richtungslos. Ein jedes hat, unaufdringlich formuliert, eine Vorder-, die Eingangsseite, und so zeigt sie sich auch: Fassade und Dach stoßen bündig aneinander und bilden eine klare Kante. Und jedes hat seine Hinter-, die Gartenseite, und man erkennt sie: Das leicht geneigte Pultdach senkt sich hier und gibt sich, wie Steidle es empfindet, «hüttenartig», es ragt mit roten Sparren über die Fassade vor. Aber es wirft ausdrücklich keinen Schatten auf das dicht darunter angebrachte schmale Fensterband, weil es aus durchsichtigem gewellten Kunststoff ist.

Eingangsseite (oben),
Gartenseite (unten).

So war es gewollt: vorne hochgeschlossen, hinten locker gekleidet. Obwohl jeder Bewohner alles das für sich auch ganz anders deuten könnte, zum Beispiel wenn er seinen Vorgarten als Terrain der Selbstdarstellung wichtiger nähme als den größeren Garten der Lust hinten. Und vielleicht richtet sich seine Vorliebe nicht zuletzt nach dem Grad der Sympathie, die er für sein Gegenüber hier oder da empfindet.

Dies gehört zur Steidleschen Philosophie: die Wahl zu eröffnen, sich sein Wohnleben einzurichten. Sie hatte ihre erste Ausprägung schon in dem Entwurf erfahren, mit dem der Student Otto Steidle Ende der sechziger Jahre an der Münchner Akademie der Künste diplomiert worden war, mit einem Baukastensystem aus Stahl, dessen Wesen erst durch die Umschreibung in der Sprache jener unruhigen Zeit geklärt wird: Er hatte eine «Tragstruktur für prozeßhaftes Wohnen» entworfen.

Die architektonische Idee war, «aus dem Gesetz der Systematik heraus ein freies Spiel der Formen zu entwickeln». Anders gesagt: in der industriellen Fertigung die Chance einer vielfältigen Architektur zu erkennen, sie dann aber auch wirklich so und nicht einfältig zu praktizieren. Vor allem jedoch war es Steidle dabei um die Flexibilität im Inneren zu tun, um den variantenreichen Gebrauch der «Struktur» durch die Bewohner. Ihm schwebten Wohnungen vor, die sich individuellen Ansprüchen und wechselnden Bedürfnissen anpassen ließen. Wenngleich die Erwartungen an derlei Anstrengungen auch meist größer sind als die tatsächliche Nutzung aller Möglichkeiten, sich seine Wohnung in der Waagerechten wie in der Senkrechten herzurichten, hatte er eben dies im Sinn. Praktisch ist das die Chance, Wände zu verrücken, Decken einzuziehen, Räume nicht nach Funktionsplan, sondern nach Bedarf zu nutzen. Der Architekt jedenfalls wollte seinen im Wohnungsbau meist unbekannten Klienten all diese Möglichkeiten eröffnen. Also strebt er nach Grundrissen, nach Räumen und Raumgruppen «ohne enge Funktionalität», so nutzungsneutral wie nur irgend möglich.

Genauso alt ist der Vorsatz Otto Steidles, das Beste mit dem kleinsten Aufwand zu erzeugen, nicht zuletzt mit den architektonischen Mitteln der Gestaltung, und dies mit «dem Einfachen, Banalen, Vorhandenen». Genauer hat er das einmal so umschrieben: «Während sich akademische Architektur und ihr Verhältnis zur Ästhetik meist als kulturelle Beglückungsversuche verstehen, kann die ‹Ästhetik von unten nach oben›, welche vorhandene Elemente und Gestaltungsqualitäten aufgreift und kultiviert, zu einer eigenen Ausdrucksform und Identität ihres ‹Publikums› führen.» Und das sollte so anspruchsvoll, so raffiniert, aber auch so «schön» wie möglich sein, damit die Bewohner es mögen, damit sie sich darin zu Hause fühlen, «identisch» mit ihrer Wohnstatt, wenn sie nicht sogar ein wenig Stolz auf ihre Adresse empfinden.

Die Frage nach dem Material, auch dem der Fassaden, war in der Pilotengasse gleich zu Anfang gemeinsam beantwortet worden: Ziegelmauerwerk, mineralischer Putz, Holz für Fenster und Türen, obenauf ein gewöhnliches Kiespreßdach auf Sparren, ein flach geneigtes Pultdach. Es war eine Entscheidung für das Konventionelle – das heute freilich einen originellen Zug bekommen hat.

Als jemandem, der Menschen den Weg zu ihrem Glück weisen möchte, hat Otto Steidle dieses Projekt von Anfang an gelegen. Zwar hat er ein Faible für Spontaneität; aber er vertraut nicht darauf, daß «das Leben» schon alles von selber arrangieren werde. Lieber bereitet er es vor – mit seiner Architektur. Und mit ihr versucht er auch, seinem alten Anliegen zu folgen, nämlich Menschen nicht nur angemessen und mit räumlicher Phantasie zu behausen, sondern sie auch zusammenzuführen, vor allem diejenigen, die sich fremd sind, die sich – Charakteristikum verbissener Städter – oft nicht einmal unbedingt kennenlernen wollen, die aber nun einmal so dicht beieinander wohnen, daß sie vernünftigerweise Notiz von einander nehmen müssen. Steidle versucht deshalb gern, ihre Begegnungen zu inszenieren, mit listiger Unauffälligkeit, so daß sie wie von alleine geschehen. In seinen Miethäusern, wo immer er welche gebaut hat, in Nürnberg-Langwasser oder München-Nymphenburg, nicht anders im Internationalen Begegnungszentrum in Berlin-Wilmersdorf, einem Gästehaus für Wissenschaftler und ihre Familien, oder in seinem Berliner Altenheim, aber auch im riesigen Gebäude des Hamburger Verlags Gruner + Jahr – in all diesen Bauwerken wandte er deshalb den halb öffentlichen, halb privaten Orten die allergrößte Sorgfalt zu. Das sind Treppen, die oft hintereinander alle Etagen durchlaufen, sind Treppenhäuser, die oft großzügiger als üblich dimensioniert sind, sind Treppenflure, die kommunikativ wirken sollen. Er macht sie so weit, so licht, so komfortabel, so einladend wie möglich: Sie sollen verlockender sein als der Fahrstuhl. Nicht zuletzt in diesen Zwischensphären – zwischen Wohnungen ebenso wie zwischen Häusern – sieht er einen Zusammenhang von Ästhetik und Psychologie.

Und weil er glaubt, daß «die primäre und einfachste ideelle Ebene ... die der sozialen Beziehungen» ist, hat er in der Pilotengasse Reihen-Doppelhäuser entworfen. Sie sind einander spiegelbildlich zugekehrt, vorn und hinten mit je einem gemeinsamen Zugangsweg ausgestattet; er führt zum gemeinsamen Eingang, der erst dadurch zu einer Art von offenem Vestibül wird und nicht bloß ein Schlupfloch bleibt – und erst dort trennen sich die Wege: Der eine ist links, der andere rechts zu Hause. Da es sich bei den Eingängen um gleichsam konstitutionelle Partien eines jeden Reihenhauspaares handelt, fallen sie auch ins Auge. Auf der in kräftigem Blau geputzten Eingangsseite sind sie leuchtend gelb gestrichen, auf der hellgrauen Rückseite in kräftigem Blau. Es scheint, als werde der Lockruf der Farben als ein sympathisches Signal empfangen.

Reihen-Doppelhaus, Eingangsseite.

Ein anderes Hauptthema der Steidleschen Architektur ist die Gliederung der Grundrisse, und das meint von vornherein nicht bloß seine horizontale, sondern auch seine vertikale Ausdeutung, also etwa das, was im Werk von Adolf Loos nicht ganz präzise mit «Raumplan» umschrieben ist: der «Grundriß als Raum». Demzufolge wird der Grundriß eines Hauses auch als eine Komposition von ineinandergreifenden Räumen begriffen, deren Schnitt und deren Größe davon abhängt, welche Art der Benutzung ihnen zugedacht, wenngleich nicht bestimmt ist. Denn den Bewohnern soll relativ freigestellt bleiben, wie sie sich in den einzelnen Zimmern einzurichten belieben. Ihnen soll die Alternative nicht verbaut werden.

Allerdings hatte Otto Steidle dabei gar nicht an Adolf Loos gedacht. Nach Vorbildern gefragt, nennt er ganz andere, Le Corbusier (und sein farbenfrohes Haus in Zürich) zum Beispiel, auch den Niederländer Jan Duiker, und De Stijl, nicht zuletzt Bruno Taut in Berlin. Besonders an ihn hat er gedacht, als er die Vorderfront seiner Häuser so kantig klar konturierte, wie Taut das dort in seiner Hufeisen-Siedlung getan hat, als er nach der Farbe Blau für den «Innenraum», das längliche Oval der Siedlungsmitte verlangte, nach dem charakteristischen Taut-Blau.

Und also geschieht es, daß seine Häuser innen geräumiger wirken, als sie vermuten lassen. Das ist nicht zuletzt eine Folge seiner Aversion gegen die Zweistöckigkeit von Reihenhäusern, gegen ihre meist schematische Aufteilung in eine Wohnetage (unten) und eine Schlafetage (oben), «und darüber kommt dann nichts mehr – Häuser ohne einen Verfügungsraum, ohne ein Geheimnis». Obwohl der Bebauungsplan von zweistöckigen Reihenhäusern spricht, erweckt Steidle den Eindruck, darin drei untergebracht zu haben, was zur Hälfte ja auch tatsächlich geglückt ist.

Die vertikale Ordnung beginnt in etlichen der insgesamt acht, etwa zwischen 100 und 120 Quadratmeter großen Typen schon mit dem teilweise über die Erde ragenden Kellergeschoß, das infolgedessen Tageslicht bekommt und deswegen gut für allerlei Beschäftigungen genutzt werden kann, sei es als Werkstatt, sei es als Hobbyraum und dergleichen. Doch der topologische Kniff ist vor allem im Eingangsgeschoß der entsprechenden Typen zu bemerken, zu dem des hoch gelegenen Kellers wegen auch eine kleine Außentreppe führt: Es steigt in der Mitte um zwei Stufen an, so daß sich im vorderen Teil des Hauses Raum für drei Geschosse ergibt, im hinteren Teil, wo das Dach sich neigt, für zwei, wenngleich zum Teil sehr hohe Geschosse. Daraus leitet sich nun auch die Dimensionierung der Zimmer ab. Ihre Höhe mißt etwa zweieinhalb bis fast vier Meter.

Am höchsten ist jeweils das nach hinten, zum Garten hin liegende Schlafzimmer. Das ist allerdings nicht der Überlegung zuzuschreiben, für die Rekreation im Schlaf sei ein besonders großer Vorrat an Sauerstoff nütze. Sondern Steidle wollte den Bewohnern die Gelegenheit einräumen, das Zimmer vertikal zu teilen, zum Beispiel eine Schlafempore einzuziehen – oder den gewonnenen Raum auch ganz anders zu nutzen. Dafür jedenfalls hat er das Fensterband unterm Dach konzipiert. Irgend etwas, sagt der Architekt, werde jeder Mieter damit anstellen. Sie hatten ja schon vorher Wünsche geäußert: nach runden Türstürzen, anderen Fußböden, Zwischenwänden und so weiter.

Mit dem vorhandenen Raum «etwas anzustellen» ist kein nur nebenbei erzielter Effekt der räumlichen Organisation, sondern war in fast allen Wohnungsbauten Steidles Programm: Der Architekt entwirft, der Bewohner vollendet. Er soll sich seine Bleibe, in der er bisweilen sein ganzes Leben zubringt, sich und seinen Gewohnheiten gefügig machen, soll sie seinen Bedürfnissen anpassen können, wann immer sie ihn verlocken oder bedrängen – hier in der Pilotengasse darf er es sogar als Mieter, eine erstaunliche Freiheit, die ihm die Genossenschaft gewährt.

Die drei Stufen in den Eingangsgeschossen der Typen L, N und P sind genau dort plaziert, wo die Treppe nach oben ansetzt. Die ist in den kleineren Typen, um den wenigen

Platz nach Kräften auszunutzen, gewendelt, in den größeren auf die übliche Weise rechtwinklig geteilt und an den Wenden mit Absätzen unterbrochen. Dieses zentral plazierte Treppenhaus macht tatsächlich einen großzügigen Eindruck – und der wäre noch stärker gewesen, hätte man dem Architekten seine (der Kosten wegen leider gestrichene) Pointe an den Kopfbauten erlaubt: verglaste kleine Dachloggien, verwendbar als Entschädigung für den hier fehlenden Garten, Arbeits-, Lese-, Rundblickzimmer, es hätte jedermann nach seinem Gusto deuten können.

Art und Beschaffenheit des Inneren teilt sich wie selbstverständlich außen mit, auf den Fassaden – durch Größe, Format, Zusammenstellung der ausdrücklich sprossenlosen Fenster. Wenngleich Vielfalt und Anordnung, auch die Farben, in denen sie gestrichen sind, beim ersten flüchtigen Anblick verwirren, weil man es als eine Art Quodlibet mißdeutet, gehorcht all das einem einfachen Prinzip: dem Quadrat und seiner Verdoppelung sowie der Variierung des Typs, dessen Elemente wechseln und auf verschiedene Weise miteinander kombiniert sind. Keine Beliebigkeit also, sondern ein System.

Grundform ist also das quadratische Fenster, verwendet in drei Größen: das größte fürs Wohnzimmer, dem wichtigsten, nämlich allen Familienmitgliedern gehörenden Raum; kleinere für die anderen Zimmer; das kleinste für den Keller, für das WC, für die obere Ecke der Eingangstüren. Das längste stellen die schmalen Gartentüren dar. Das fest eingebaute Wohnzimmerfenster ist außerdem oben und seitlich mit schmalen, zum Teil beweglichen Fenstern ergänzt. Die oberen Schlafzimmerfenster wiederum bilden direkt unter dem vorragenden Dach ein (außen grün gefaßtes) Band. Und damit kein Schatten auf sie falle, ist die Dachkante aus durchsichtigem Well-Skobalith gemacht. Die Bewohner übrigens brauchen keine Überanstrengung zu fürchten: Die schmalen Fenster lassen sich zum Putzen immerhin nach innen klappen.

Noch etwas fällt an diesen Steidleschen Häusern in der vierten bis sechsten Reihe auf. Nehmen wir an, wir kämen von der Hausfelderstraße Ecke Pilotengasse, gingen nach Norden und bögen nach rechts in die zweite Quergasse ein, kreuzten dann zwei oder drei der großen und kleinen Gartenwege – dann sähen wir plötzlich ein architektonisches Spielzeug, beidseitig mit Geländern versehene filigrane Stahl-Stege, die die schmalen Querwege von Dach zu Dach überbrücken, alle sechs Reihenhäuser einer. Und jeweils darunter ist die dazugehörende Leiter mit ihrem runden Schutzgitter angebracht. Ein freundlicher Einfall, dem Kaminkehrer zugedacht. Denn der Architekt dachte sich, es sei angenehmer für ihn, daß er nicht nach jeder Reihenhausgruppe, der er aufs Dach gestiegen ist, wieder hinabsteigen müßte und wieder hinauf und wieder hinab, sondern daß er, einmal oben, auch oben weitergehen könne, um die blinkenden Aluminiumkamine zu kehren. Solche Zeichen tun einer Siedlung gut. Sie helfen, sich darin zurechtzufinden – und es hübsch zu finden.

Fassadendetail mit variierten Fenstertypen.

Aufgeständerter Randtyp mit vorkragendem Well-Skobalithdach.

Blick in eine Querachse mit überbrückendem Stahl-Steg.

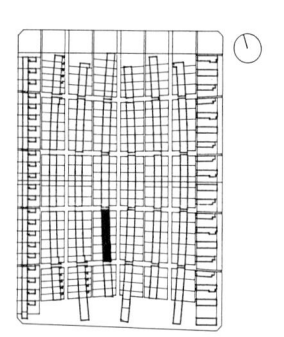

Mitteltyp (M und N), zweigeschossig

Typ M, Schnitte 1 und 2

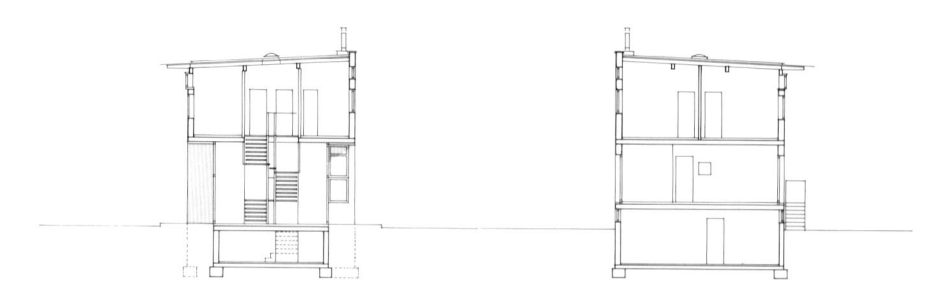

Ostfassade

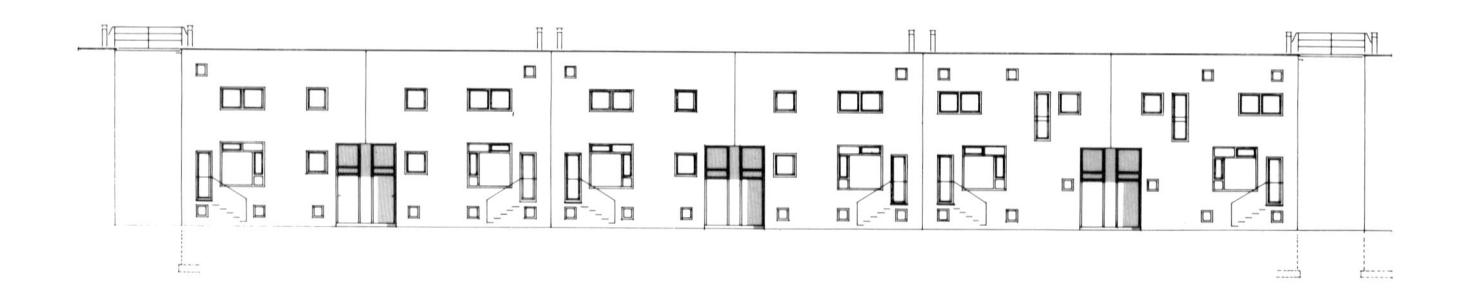

Westfassade

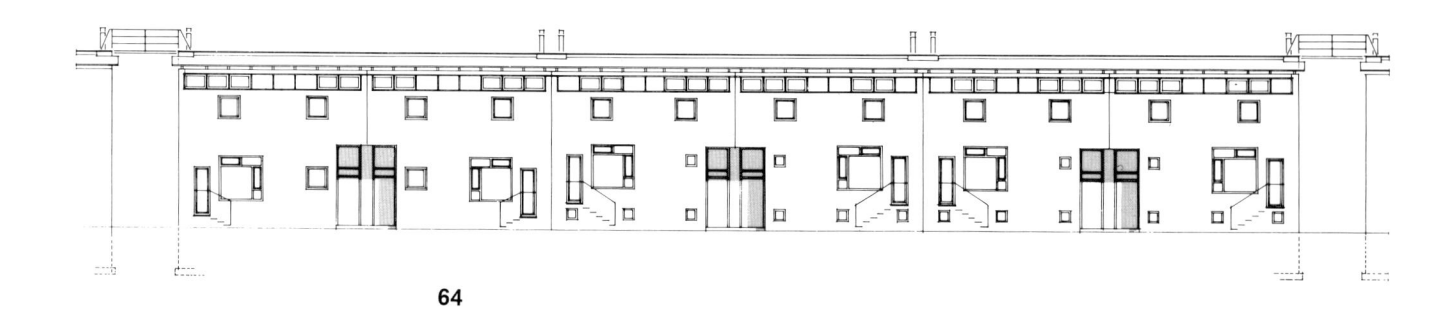

Obergeschoß

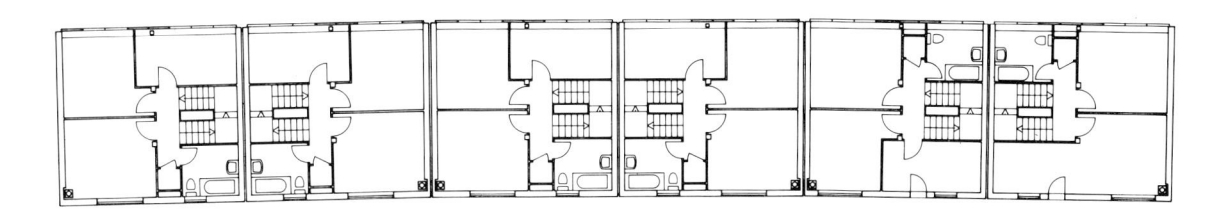

Erdgeschoß

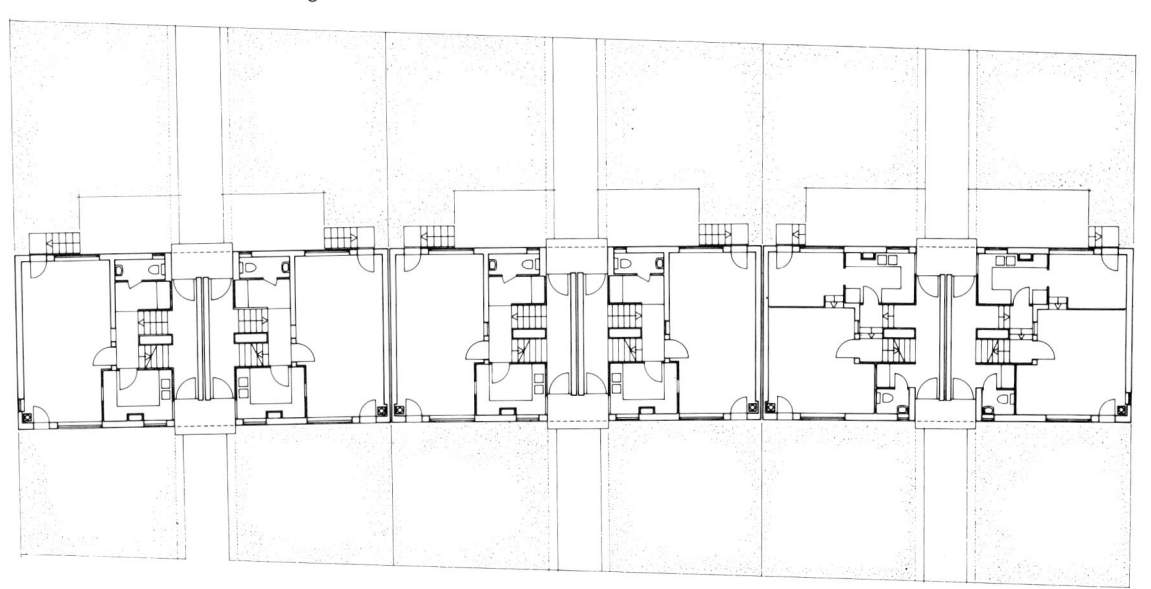

Kellergeschoß

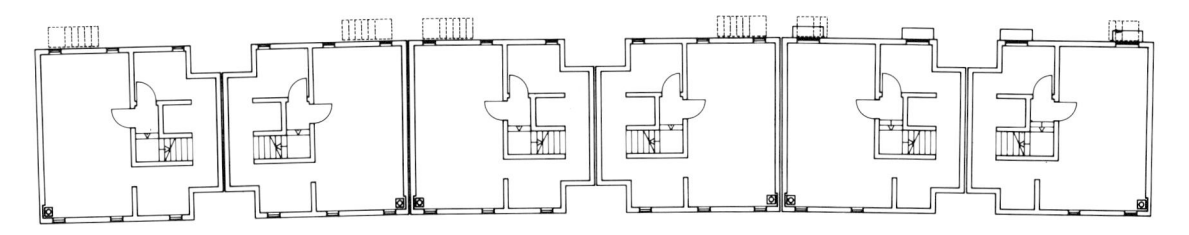

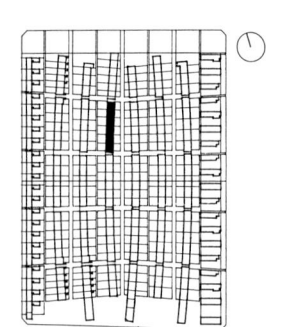

Mitteltyp (P und L), dreigeschossig

Typ L, Schnitte 1 und 2   Typ P, Schnitte 1 und 2

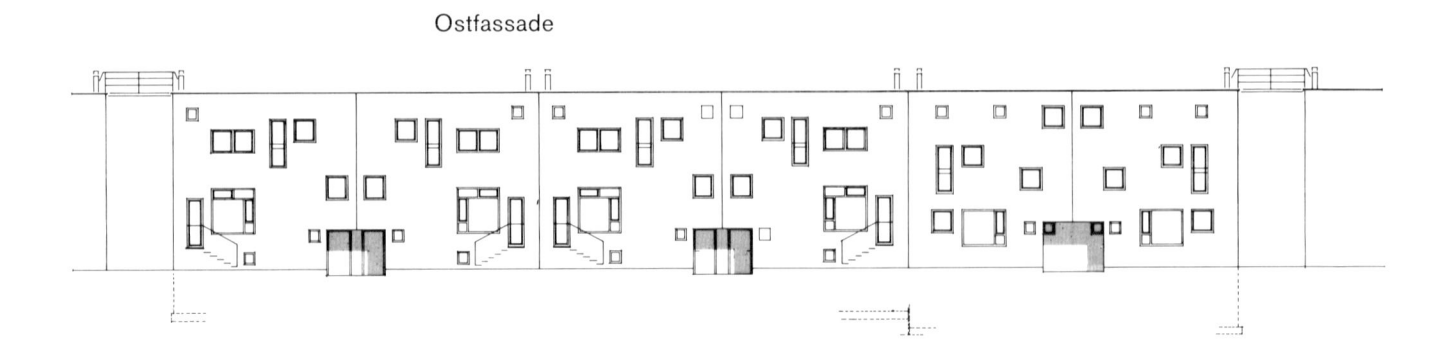

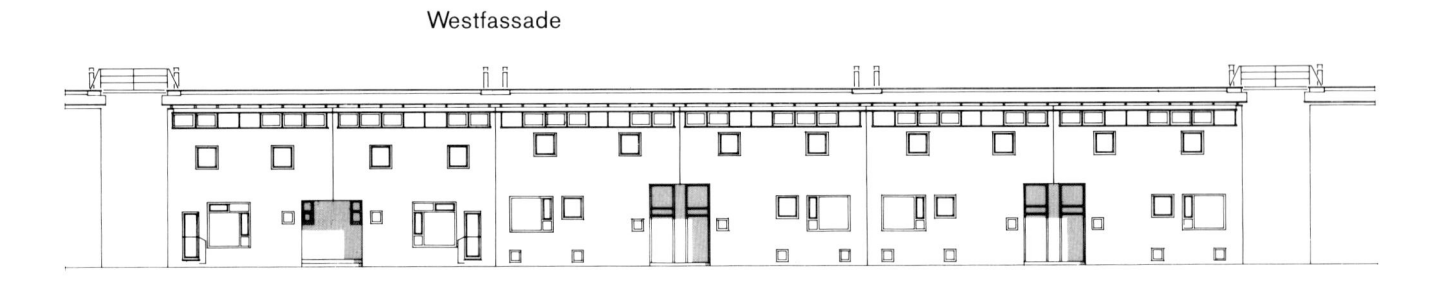

Ostfassade

Westfassade

Dachgeschoß

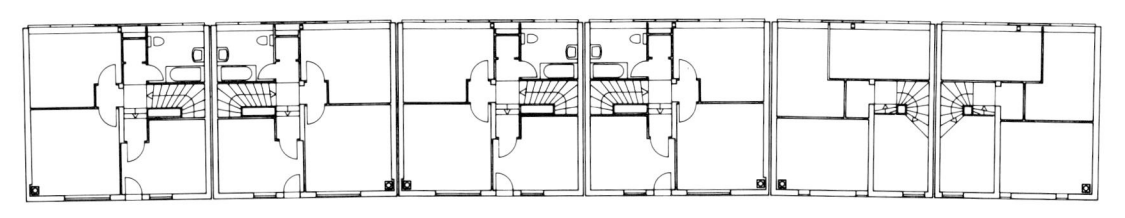

Obergeschoß

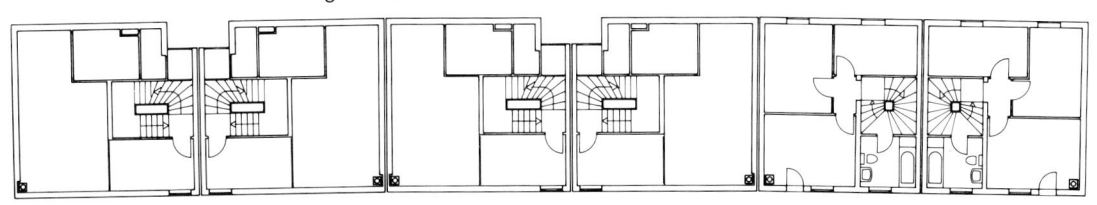

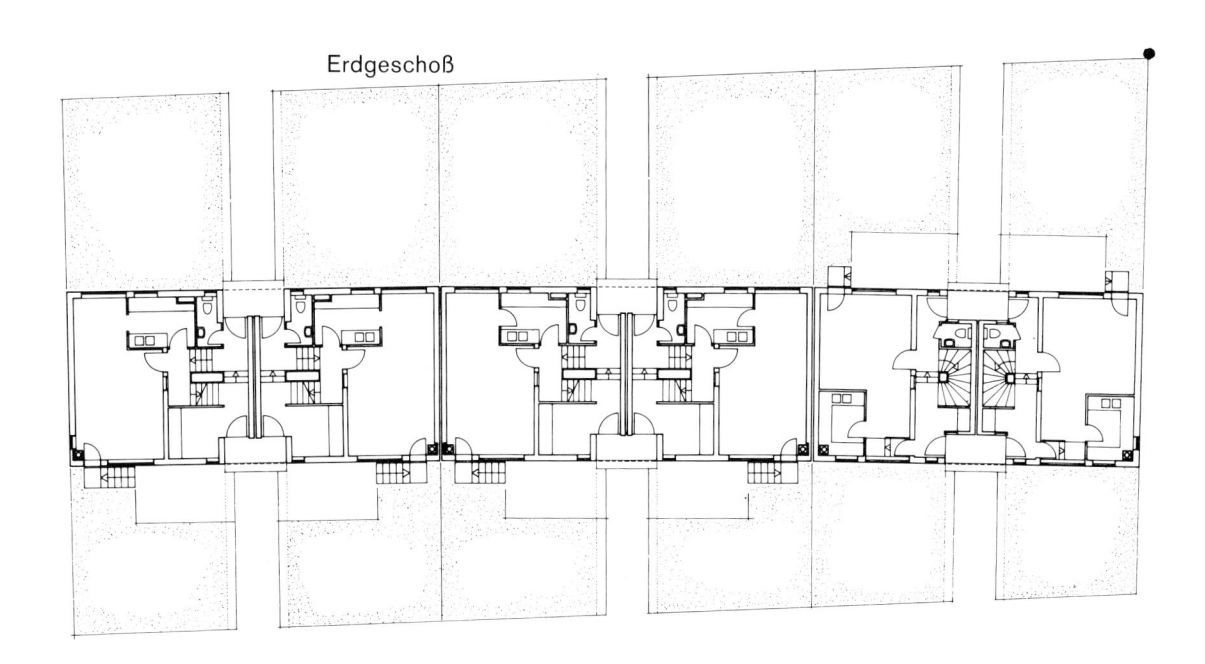

Erdgeschoß

Kellergeschoß

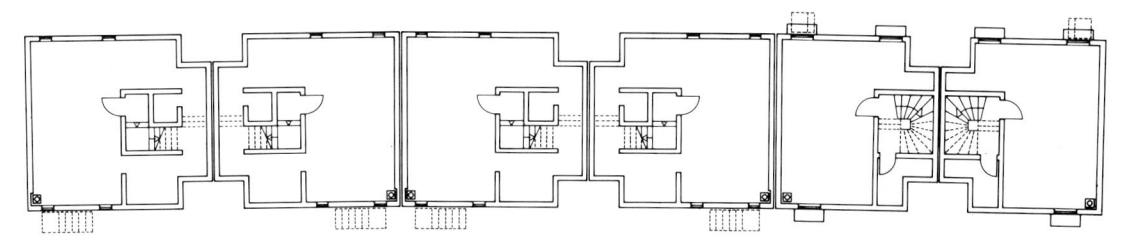

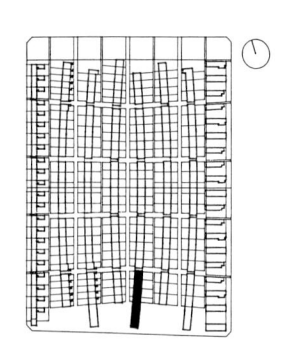

Aufgeständerter Randtyp (M und Q)

Typ Q, Schnitte 1 und 2 — Seitenansicht

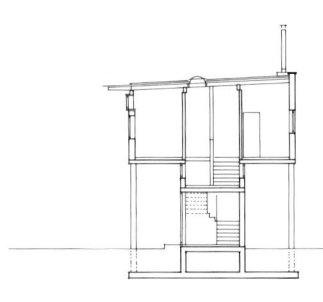

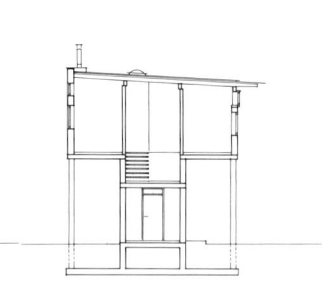

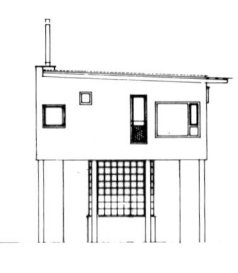

Westfassade

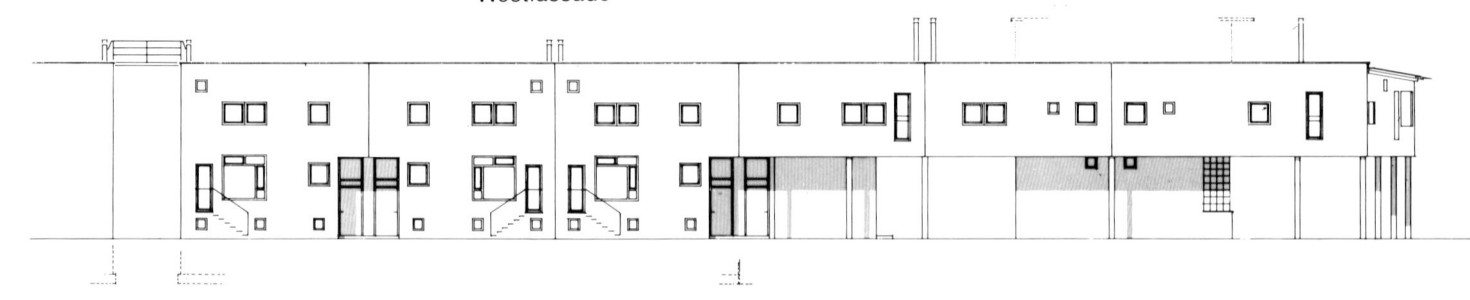

Ostfassade

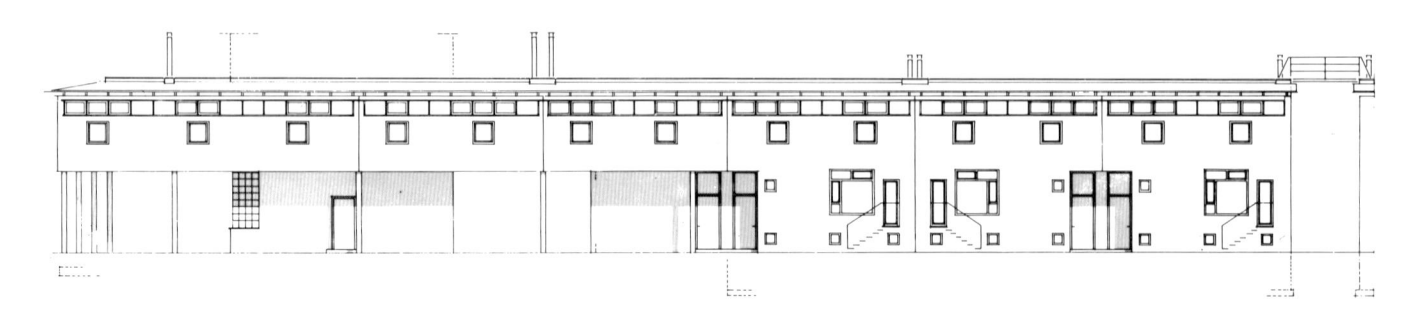

Typ Q, Längsschnitt

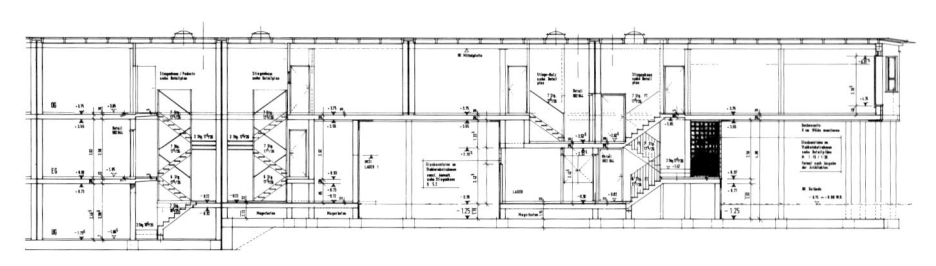

Obergeschoß

Erdgeschoß

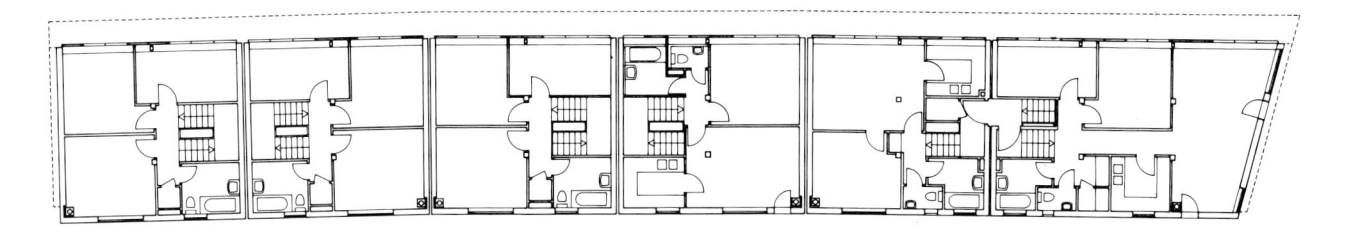

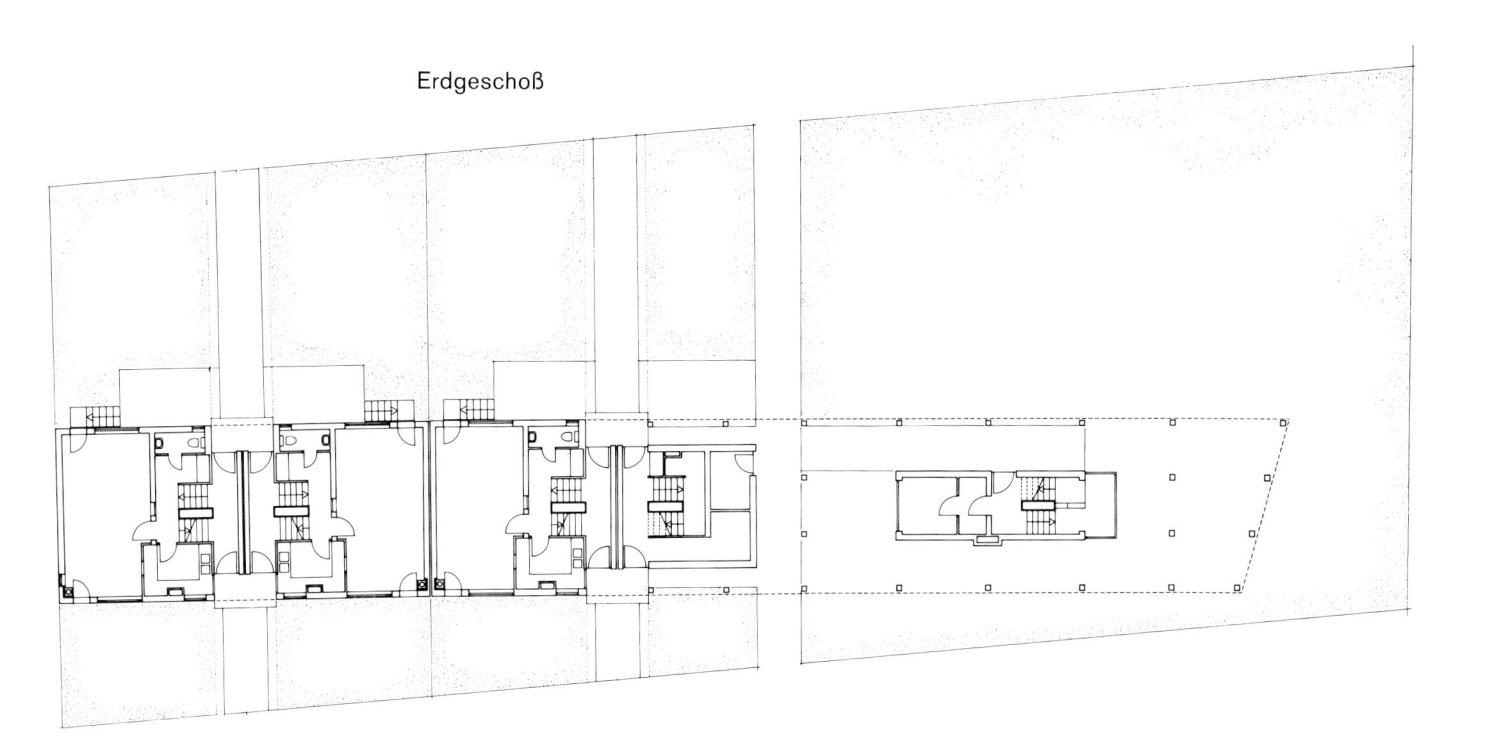

Kellergeschoß

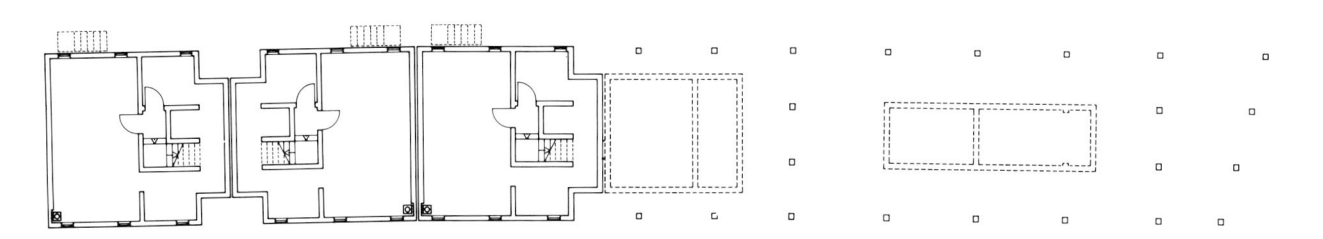

Fensterband, Detailplan

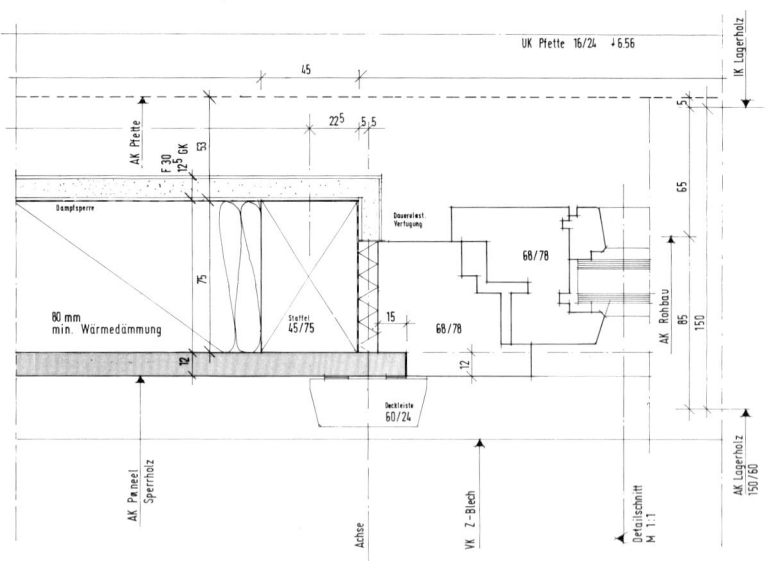

Vordach (Gartenseite), Detailplan

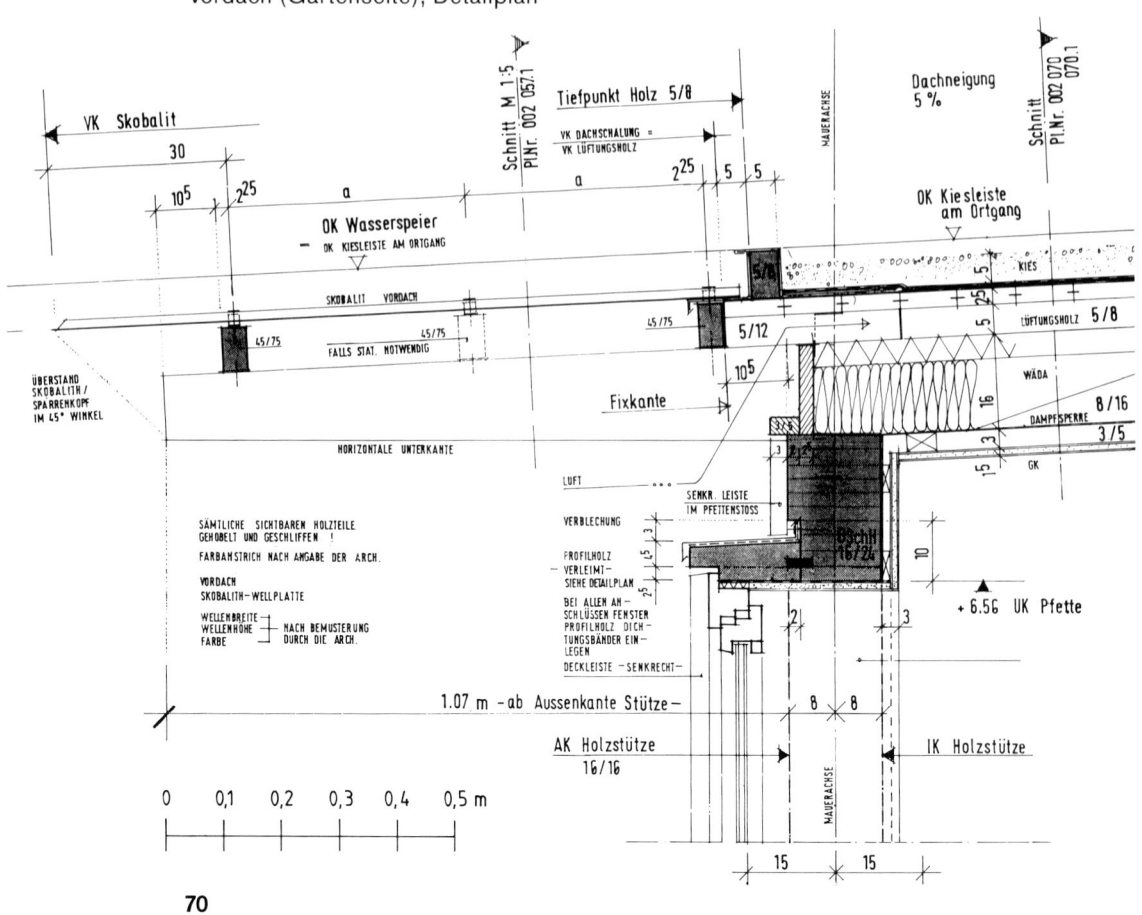

Fensterband/Vordach, Detailplan

Attika (Eingangsseite), Detailplan

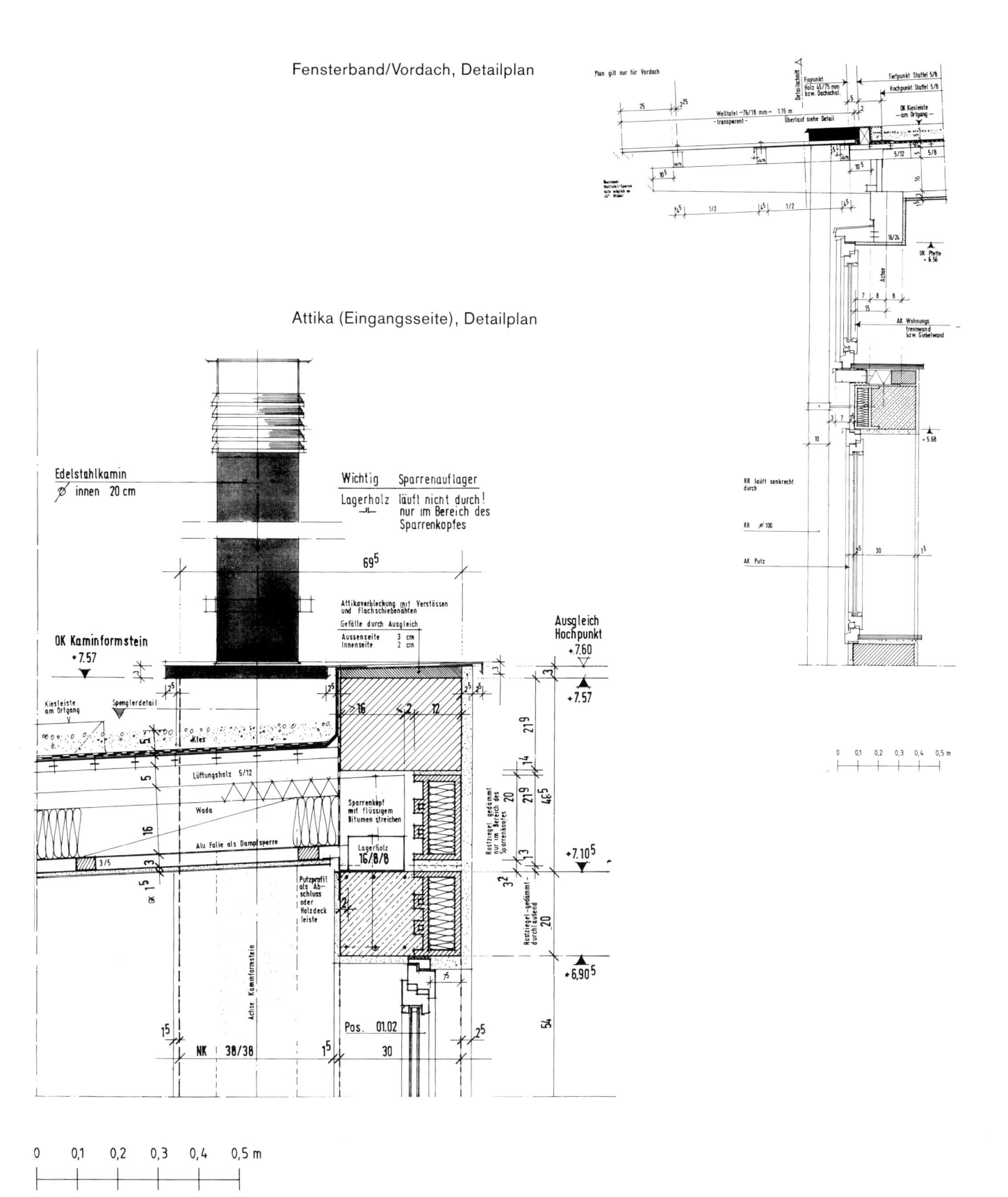

Außenstiege (Gartenseite), Ansicht und Grundriß

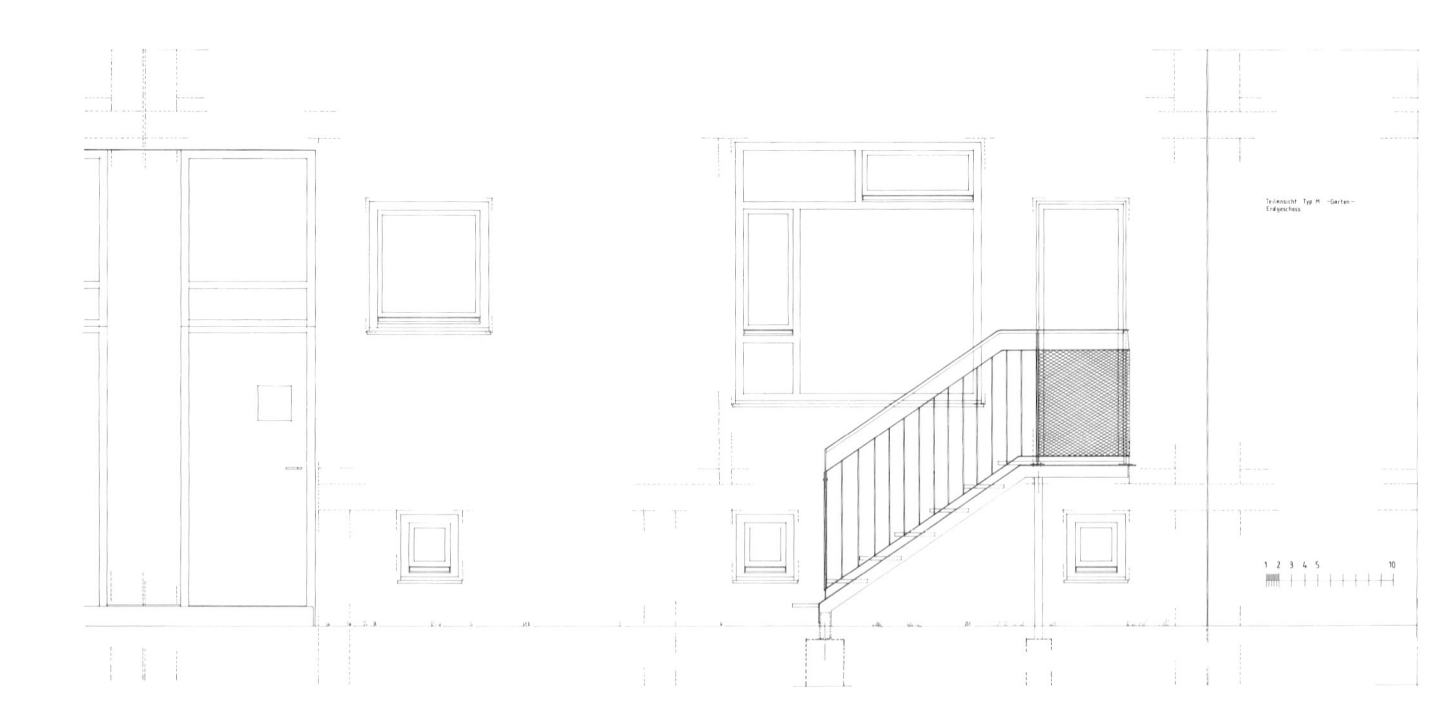

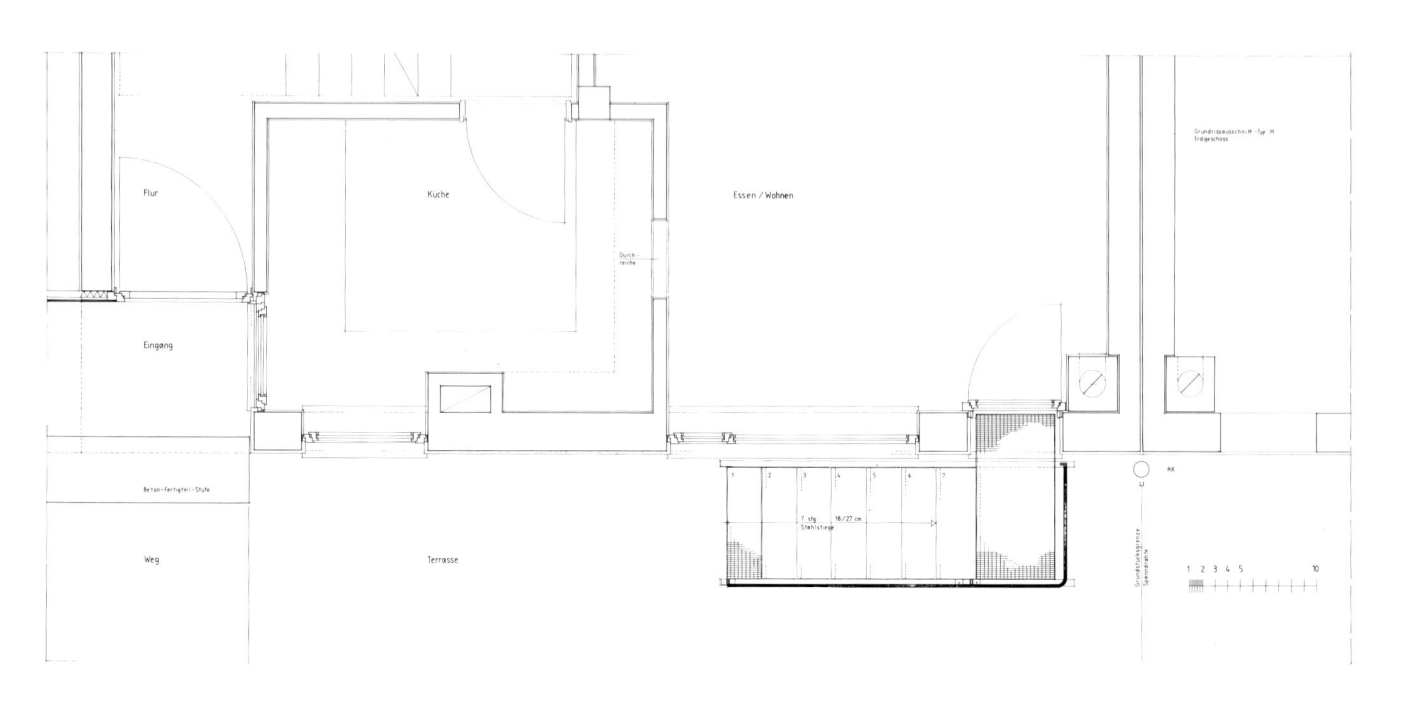

Hauseingang, Schnitt und Ansicht

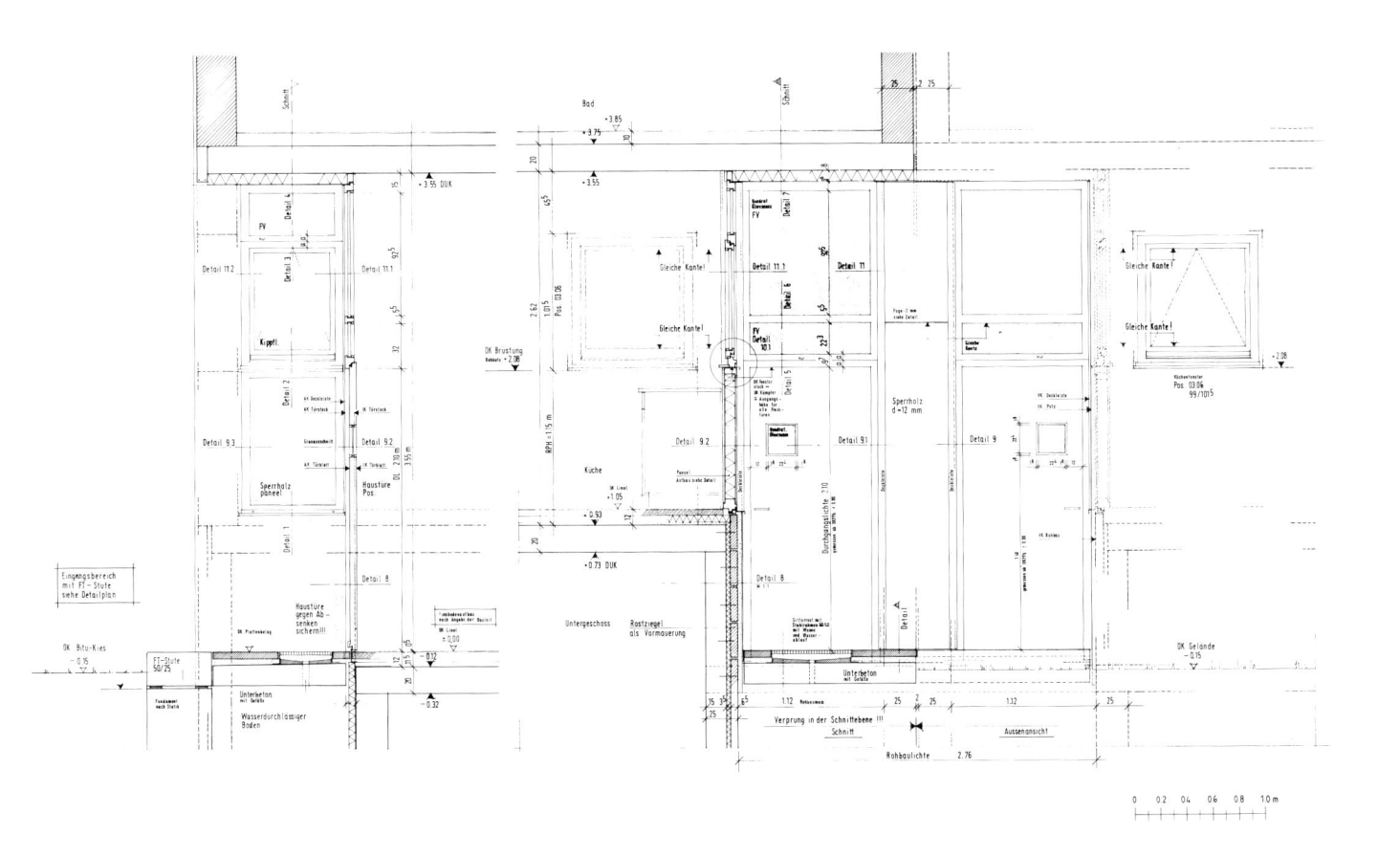

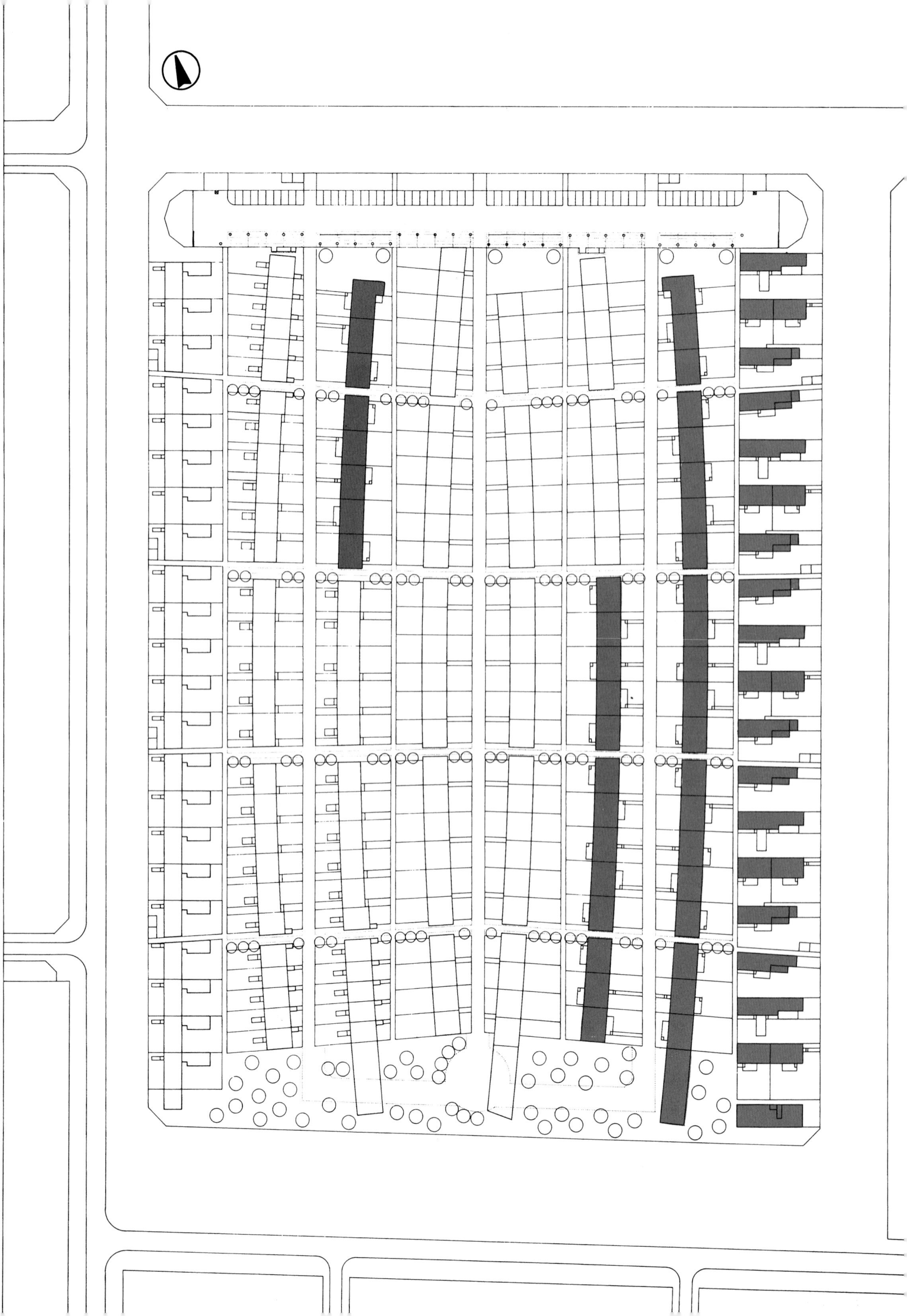

Friedrich Achleitner
Die Siedlung als Siedlung
Der Beitrag von Adolf Krischanitz

Die Siedlung
Neu für die heutige Form der Auseinandersetzung mit dem Thema Siedlung ist zweifellos die Tatsache, daß sie bereits ein historischer Begriff ist, mit gesicherten Wohnerfahrungen und Erinnerungen, ja daß selbst die Wohn- und Bebauungsform ein traditionelles Bezugsmuster geworden ist. So scheint es am Ende des 20. Jahrhunderts möglich, eine Siedlung als *Siedlung* zu konzipieren, ohne nach äußeren Legitimationen suchen zu müssen. Ja selbst in der Ungenauigkeit dieses Begriffes, in der breiten Variantenvielfalt, liegt erstmals so etwas wie Altvertrautes: die Siedlung ist eine anerkannte Kategorie mit abgrenzbarer Geschichtlichkeit geworden.

Ohne diese kulturelle Voraussetzung schiene mir dieses reine Bekenntnis zum Thema Siedlung nicht möglich; schließlich wurde in der Geschichte immer wieder versucht, dem rationalen Modell Vertrauteres unterzuschieben. Man könnte behaupten, daß vor allem in Mitteleuropa für das englische Reihenhaus und seine Additionsformen immer ausweichende Verformungen, idyllische Gruppierungen oder romantische Arrangements gesucht wurden. Immer war irgendwo das Dorf im Hinterkopf, immer wurde irgendwie Kleinstadt gespielt. Die rationellen oder rationalistischen Muster des 19. Jahrhunderts hatten in Mitteleuropa nie wirklich Fuß gefaßt, ihr liberalistischer, kapitalistischer und großstädtischer Hintergrund war suspekt geblieben. Erst in den zwanziger Jahren gelang es auch in Wien, etwa durch die Arbeiten von Adolf Loos und Josef Frank, die Siedlung wieder auf ihre eigentlichen Aufgaben zu konzentrieren, ein am Praktischen, Ökonomischen, ja Ökologischen orientiertes Wohnen für die unteren Einkommensschichten zu organisieren. Dabei ging es auch um den architektonischen Ausdruck dieser programmatisch vorgetragenen Lebenswelt, sie stand in Opposition zur *Heimatarchitektur,* sie transportierte keine romantisch-bürgerlichen, regionalistischen oder gar nationalistischen Inhalte.

Die *Siedlung* setzt ein wie auch immer strukturiertes Gleichheitsprinzip voraus, alle durch den Städtebau eingeführten (meist hierarchischen) Ordnungen – ob vom Fabriksherrn als Scheinordnung erfunden oder später mit politisch-ideologischen Motiven – waren aufgesetzt. So gesehen, wurde bei der Pilotengasse wieder der Blick auf das Thema Siedlung selbst gelenkt. Also: *die Siedlung ist eine Siedlung ist eine Siedlung...*

Dem Prinzip Gleichheit folgt das Prinzip Differenzierung auf dem Fuß. Differenzierung im Sinne eines unterschiedlichen Menschenangebots (etwa Größe oder Organisation der Haustypen) oder bedürfnisadäquater Variationen, Verschiedenheit aber auch im Sinne von Erkennbar- und Unterscheidbarkeit. Diese Prinzipien gelten vor allem für die Häuser untereinander, für einprägsame Konstellationen der Zuordnung, aber auch für die Siedlung selbst als spezifischer, sich als unverwechselbar ausweisender Ort. Die langen Hausreihen mit der sich gegenläufig nach innen stülpenden Krümmung (Kreissegmente), den auf einer Achse außerhalb des Feldes liegenden Zirkelmittelpunkten und der gespannten, aber freibleibenden Mitte, dieses Konzept ist wie geschaffen für die Witterung einer *Philosophie der Peripherie,* es zeigt Prägnanz und Gelöstheit in einem, bleibt aufladbar für Bedeutungen oder gar die Symbolik eines Ortes.

Die eigentliche Bedeutung dieses Layouts liegt aber in dem genialen Trick, daß durch die innere Verspannung eines im Grund rektangulär geordneten Feldes im System erkenn- oder wiedererkennbare Orte entstehen, das heißt, daß die Lage jedes Hauses visuell prägnanter definiert und bestimmt wird. Natürlich kann man auch behaupten, daß in einer Anordnung von acht, wenn auch langen Reihen, jedes Element automatisch noch einen erkennbaren Ort besitzt; durch die Krümmungen werden aber diese Punkte sowohl freiräumlich als auch durch die schrittweisen Veränderungen der Grundstücke und durch die Verschnitte mit bewußt gelegten Geraden (Wege) «individualisiert». Dieses städtebauliche Konzept ist jedenfalls nicht auf vertraute, historische Bilder bezogen, sondern entwickelt seine Eigengesetzlichkeit aus der geregelten Störung des eigenen Grundmusters. Für die Bearbeitung eines Sektors ergaben sich daraus zwingende Reaktionen, denen Adolf Krischanitz nicht ausgewichen ist, sondern die er sogar in einer ganz besonderen Form kultiviert hat.

Die Häuser
Während durch die sehr verschiedenen Temperamente und Haltungen der Entwerfer drei leicht voneinander unterscheidbare Bereiche entstanden sind, die sich auch klar an den Rändern und Übergangszonen voneinander absetzen, benutzt das Thema der Differenzierung – wenigstens bei Krischanitz – dann einen feineren, subtileren Raster. Die Unterschiede gehen an die Grenze der unmittelbaren Wahrnehmbarkeit, können jedenfalls nicht gleich im Gedächtnis behalten werden; die Abwechslung fordert jedoch die Aufmerksamkeit heraus, erst die genaue Kenntnis des Ordnungs- beziehungsweise Variationsprinzips stellt klare Wiedererkennbarkeiten her. Dem Betrachter wird sozusagen ein Feld gestaffelter Wahrnehmung offeriert und es steht in seinem Belieben, in dieses einzudringen. Wahrscheinlich muß jeweils ein Bündel kaum sichtbarer Merkmale zusammenfallen, um einen Punkt definitiv wiedererkennbar zu machen. Daß in diesem Punkt die Farbe die dominierende Rolle übernimmt, ist klar.

Hier arbeiteten Adolf Krischanitz und Oskar Putz zweifellos mit analogen Methoden zur konkreten Malerei oder zur seriellen Musik, wo immer auch die Fragen mitspielen, welche Quanten von Strukturen, welche Intervalle und Stufungen noch seh- beziehungsweise hörbar sind, und daß es zweifellos einer gegenseitigen Stützung von Kenntnis und sinnlicher Wahrnehmung bedarf.

Krischanitz hat die drei östlichen Hauszeilen entworfen, wobei die äußere Reihe das

Thema des Randes (noch ohne die später vorgebaute Reihe von Anton Schweighofer) in einer besonderen Form behandelt. Die innenliegende Reihe ist ein «Fragment», das heißt, hier wechseln die beiden letzten Bogenstücke in die Position des Spiegelbildes im Lageplan über, wenn man so will, eine Art symbolische Verankerung der Reihen im «System», eine Verschränkung als «Störung», die die Ordnung besonders unterstreicht und die durch die Farben noch besonders betont wird. Die Häuser in den geschlossen wirkenden Reihen – sie sind tatsächlich nur durch die schmalen Querwege unterbrochen – bestehen im wesentlichen aus zwei Grundrißtypen, wobei einmal die Treppe quer und einmal parallel zur Mittelmauer liegt. Variationen gibt es durch Spiegelung der Grundrisse oder durch Wendung, die ja praktisch eine entlang einer Längsachse versetzte Spiegelung darstellt. Und schließlich gibt es noch an den Enden der Reihen Sondertypen, die an der Nordseite durch einen Vorsprung betont abschließen und an der Südseite (zum Wäldchen hin) durch Pilotis vom Boden abgehoben sind, also eine sensible Form der Auflösung des Siedlungsverbandes signalisieren.

Was die Mischung der Typen oder Typenvarianten betrifft, so ergibt sich in einer Gruppe von fünf Häusern folgende Reihung: +A, +B, C, −B, −A, das heißt, die Typen A und B werden einmal gespiegelt. Dazu muß man sagen, daß diese Variationen durch Anschauung kaum mehr wahrnehmbar sind – man muß sie richtig erforschen – und daß damit eine morphologisch indifferente Zone geschaffen wurde, in der auch andere Kriterien der Mischung, etwa durch eine freie Typenwahl durch die Bewohner, denkbar wäre.

Die Reihenhäuser verlassen nicht die schmale Bandbreite ihrer grundrißlichen Möglichkeiten, erreichen aber im Erdgeschoß, durch die Anlage einer um einen Kern kreisenden «räumlichen Endlosschleife» mit versetzten Niveaus, eine für einen minimalisierten Grundriß optimale Räumlichkeit. Ein Typengrundriß also, der die lange Geschichte des zweigeschossigen Reihenhauses auf Wiener Boden referiert.

Dabei ist überraschend, daß die A- und B-Typen, mit der parallel zur Mittelmauer liegenden Treppe und der an die Feuermauer gelegten Durchgangszone (von Garten zu Garten), räumlich gelöster und großzügiger wirken, wie der Typ mit der querliegenden Treppe, bei dem die «Raumschleife» mittig durch eine «Verkehrsfläche» geteilt wird, was aber andererseits wieder praktische Vorteile bringt.

Die kammartig quergestellten Häuser am Ostrand bestehen aus drei Typen, in Gruppen aufgestellt, wobei die erste (nördliche) gewissermaßen das Thema ABC vorgibt, das dann, jeweils mit einer Wiederholung, als ABC CABC CABC..., fortgeführt wird. Die C-Typen säumen die Querwege, wobei jeweils ein Haus parallel zum Weg gestellt wurde, so daß dieses leicht ausgewinkelt ist. Die an sich schon sehr unterschiedlichen Haustypen werden noch durch die markante Färbung skandierend unterstrichen.

Auch diese drei Hausformen machen prototypische Angebote: ein Eineinhalbfamilienhaus (129,96 m^2), ein Doppel- oder gekoppeltes Wohnhaus (je 91,14 m^2) und ein Einfamilienhaus (110,10 m^2), das durch die zweifache Verwendung am Rand der

Nördlicher Abschluß der dritten Zeile.

Blick auf die Einzelhäuser am Ostrand der Siedlung.

Doppelhaus (oben),
Einfamilienhaus (unten).

Gruppen (C) als Element doppelt so oft vorkommt. Das Eineinhalbfamilienhaus hat zwei getrennte Wohnräume (einen etwas versetzten über der Garage), der sowohl alternierend mit dem Schlafbereich, als auch als Einliegerwohnraum benutzt werden kann. Das gekoppelte Wohnhaus mit der kleinsten Wohnfläche variiert genaugenommen den Reihenhaustyp, wobei jedoch das Haus von der Schmalseite erschlossen wird. Hingegen könnte man das normale Einfamilienhaus als einen «gestreckten Verwandten» des C-Typs der Reihenhäuser bezeichnen, wobei selbstverständlich der Ausformulierung des Volumens und der Konturen mehr Freiheit gewährt ist.

Allen drei Haustypen gemein ist die charakteristische Ost-West-Entwicklung mit schmalen, eindeutig nach Süden ausgerichteten Grundrissen. Da die geschlossenen, kaum von der Sonne beschienenen Wände der jeweils gegenüberliegenden Häuser eine eher diffuse, aber ebenso bestimmte Begrenzung des Freiraumes schaffen, ergeben sich weitgehend als privat erlebbare Hausgärten.

Auch bei diesen quergestellten Häusern wird, in der Behandlung der Grundrisse und Raumdimensionierung, der Anwendung unterschiedlicher Fußbodenniveaus, der Art der Raumbeziehungen und der angestrebten Minimum-Maximum-Relationen, überall ein deklarierter Bezug zur Wiener Werkbundsiedlung sichtbar. Dabei geht es aber nicht um Zitate, schon gar nicht um architektonische, sondern es handelt sich eher um die Weiterführung eines ganz spezifischen Denkens, des Umgangs mit Raumbeziehungen, aber auch um ein gewisses Spiel zwischen Präzision und Freiheit, Regel und Abweichung. So taucht etwa ein von Adolf Loos vielfach variiertes Element gehobenen Wohnens – die Beziehung von Wohnraum und erhöhtem Eßplatz – in minimalisierter Form auf, das aber immer noch kräftig genug bleibt, einen qualitativen Impuls zu geben. Oder es werden selbstverständlich die Fassaden als ein Ergebnis der inneren Raumfigurationen gestaltet, jedoch in ihrer «geregelten Unregelmäßigkeit» so ausgereizt, daß es zu extrem «gespannten Harmonien» kommt.

Man könnte abschließend behaupten, der Ansatz von Adolf Krischanitz zum Thema Siedlung ist die radikale Einforderung der ästhetischen und räumlichen Komponente in einem an sich ausentwickelten und in sich stabilisierten System; ein Umgang mit der Geschichte des Siedlungsbaus, der in Wien selbst schon Geschichte hat, wenn man einerseits an die selektiven Neuerungen im Wohnbau eines Otto Wagner oder andererseits an die Auseinandersetzung mit dem Siedlungsbau von Adolf Loos bis Josef Frank denkt.

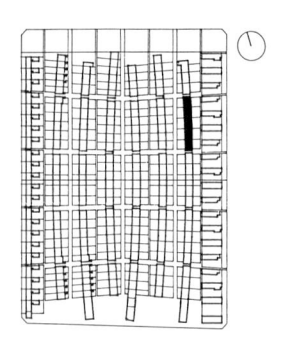

Reihenhaus

Südfassade

Nordfassade

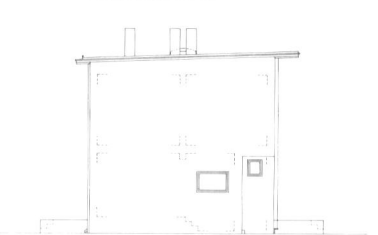

Westfassade

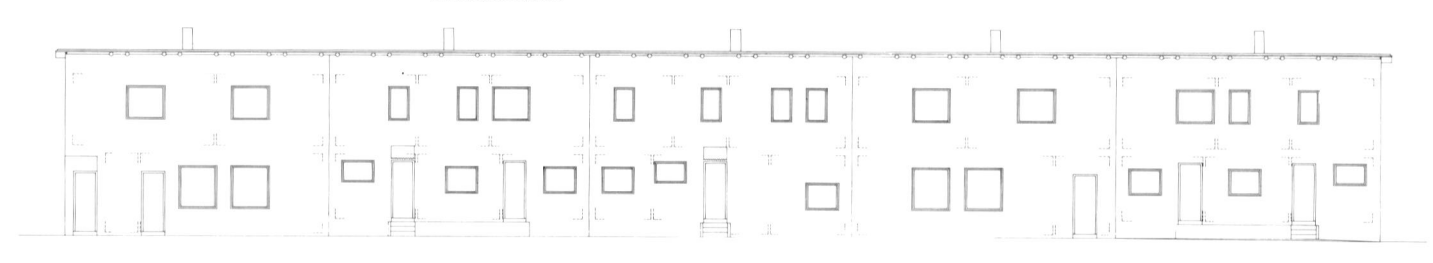

Ostfassade

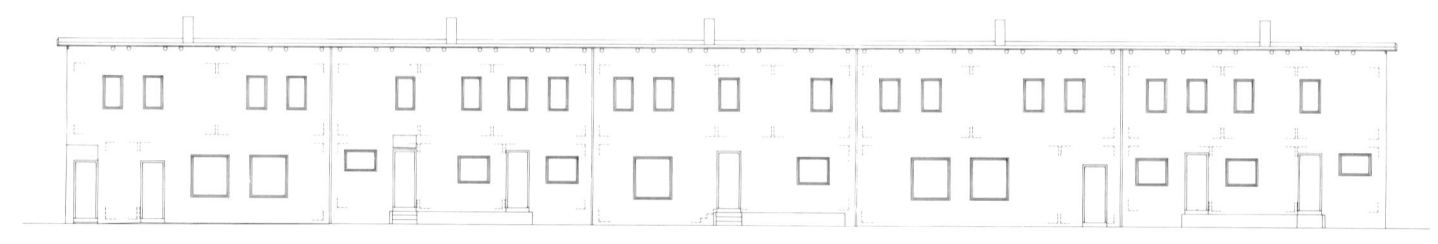

Längsschnitt

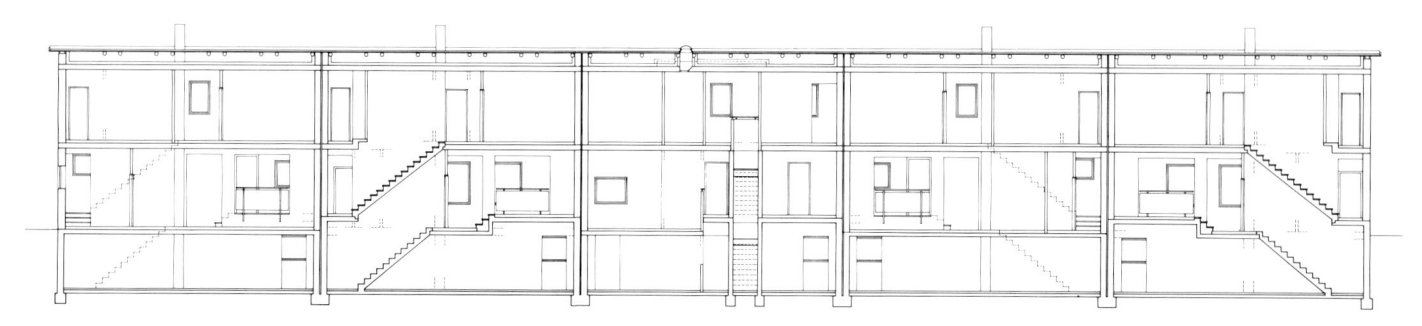

Obergeschoß

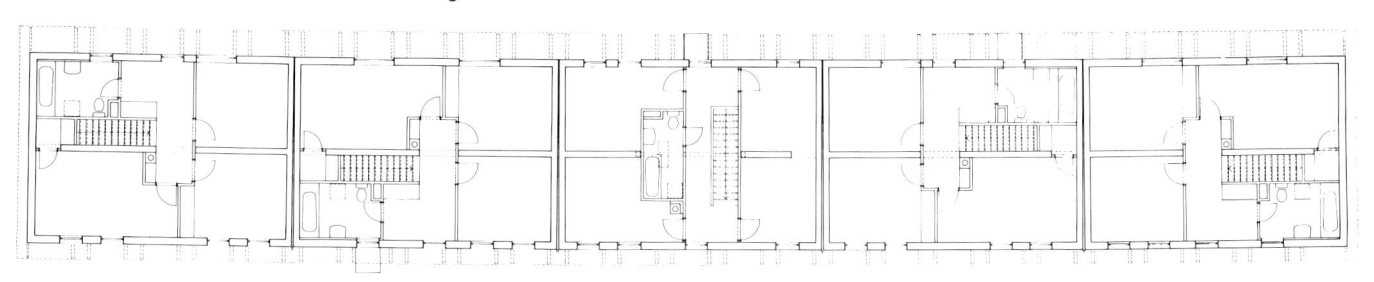

Erdgeschoß

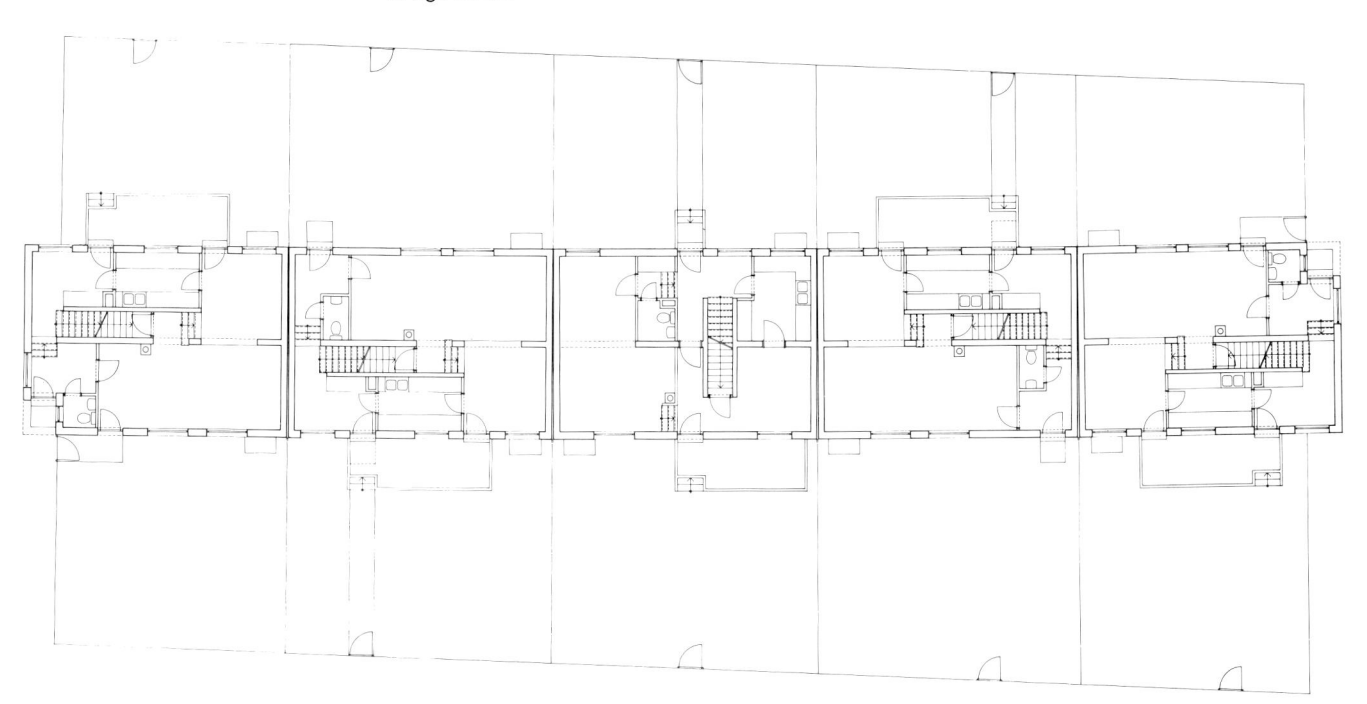

Kellergeschoß

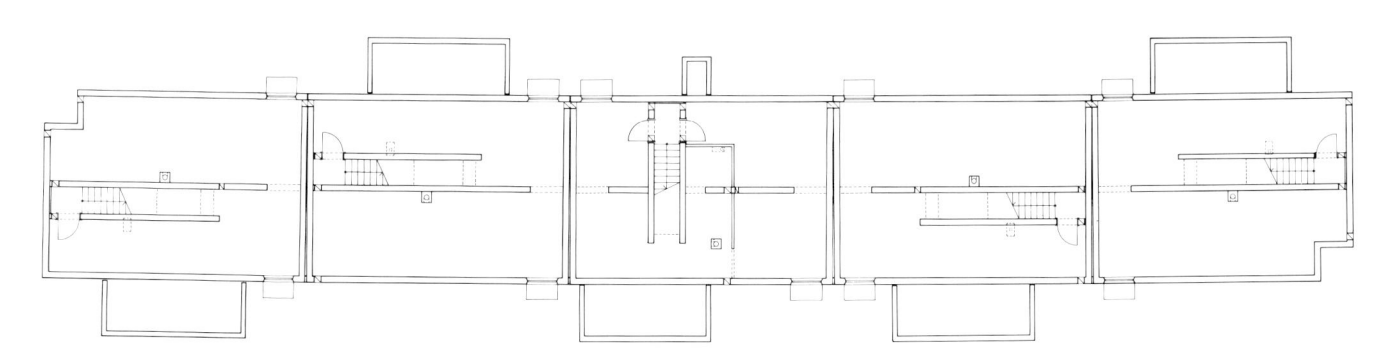

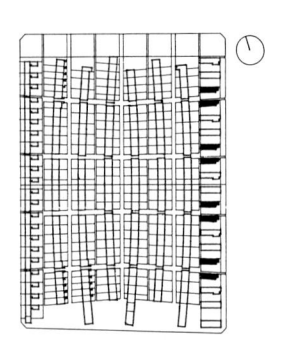

Einfamilienhaus

Längsschnitt

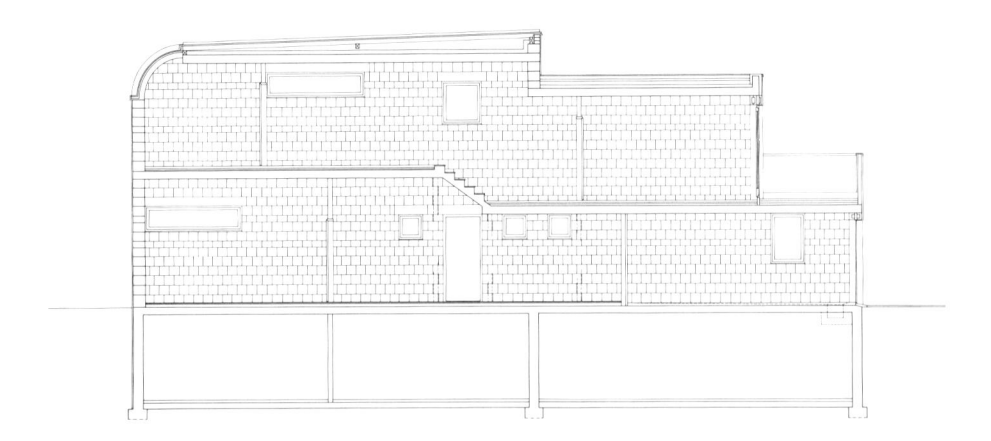

Nord- und Westfassade

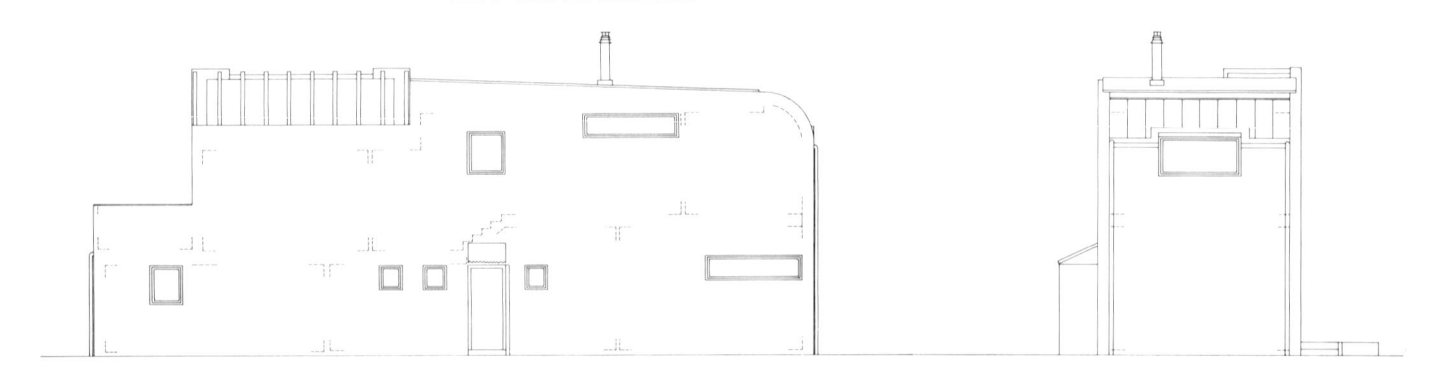

Ost- und Südfassade

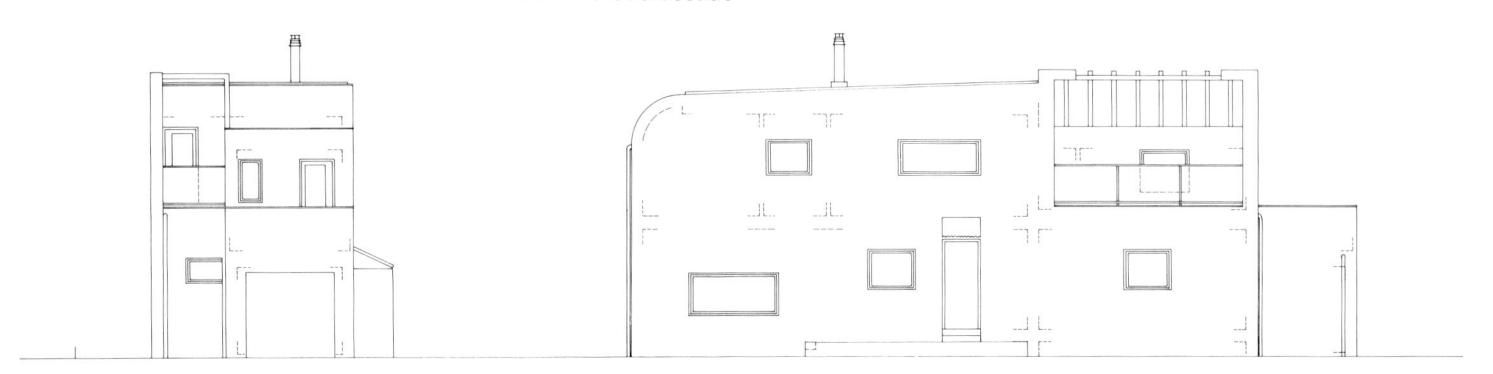

Obergeschoß

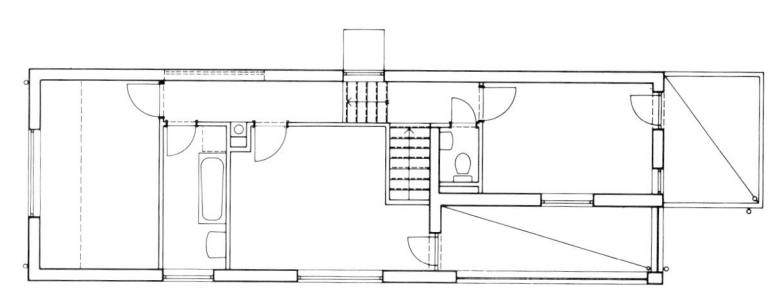

Erdgeschoß

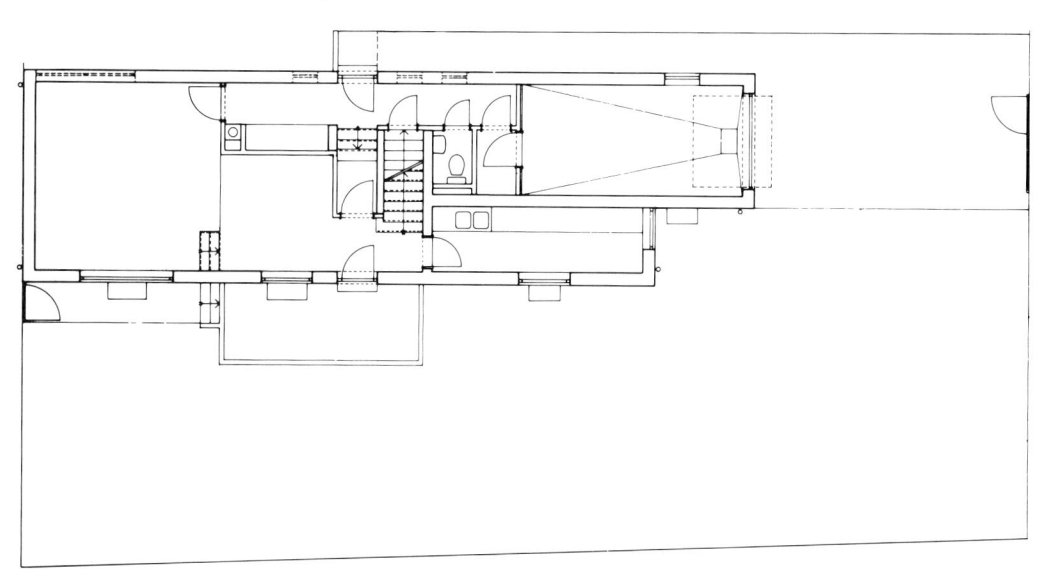

Kellergeschoß

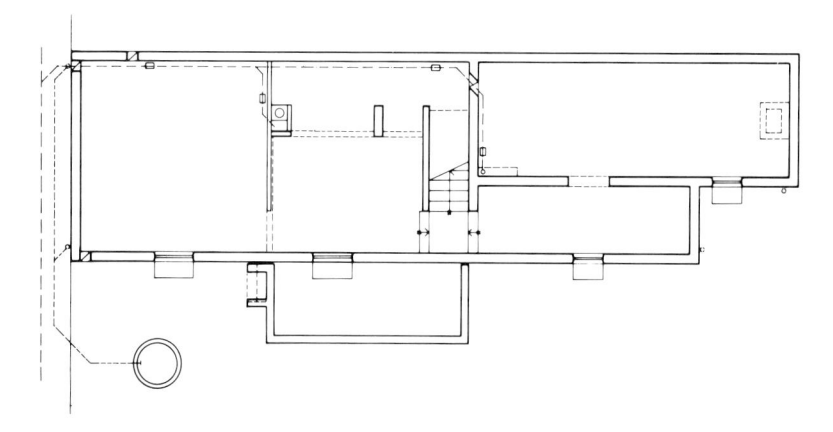

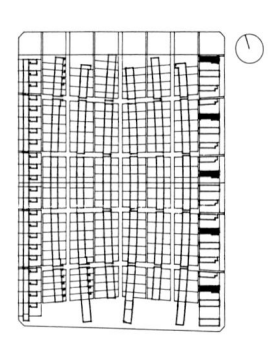

Eineinhalbfamilienhaus

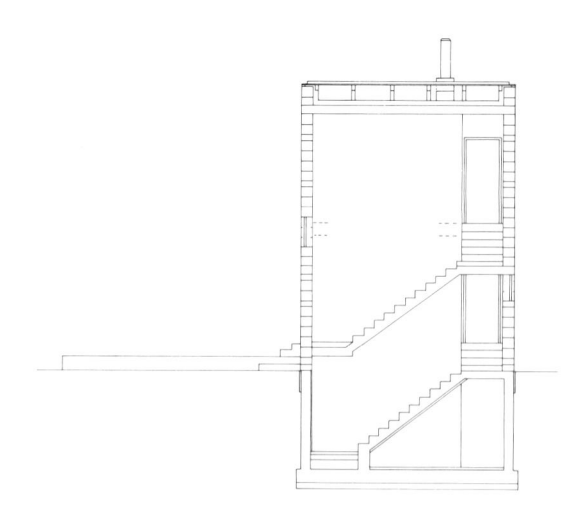

Schnitt

Nord- und Westfassade

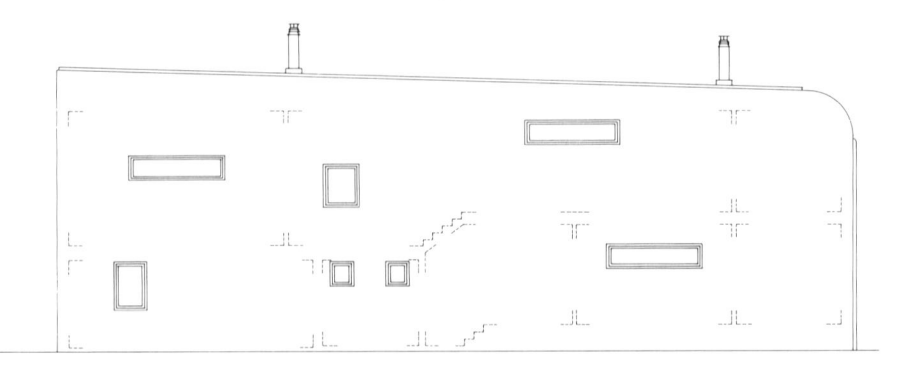

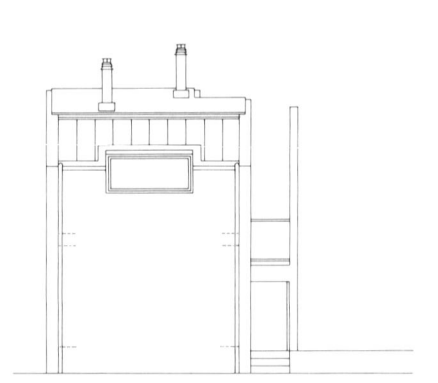

Ost- und Südfassade

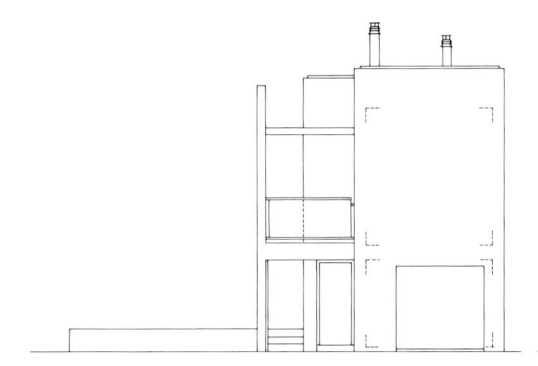

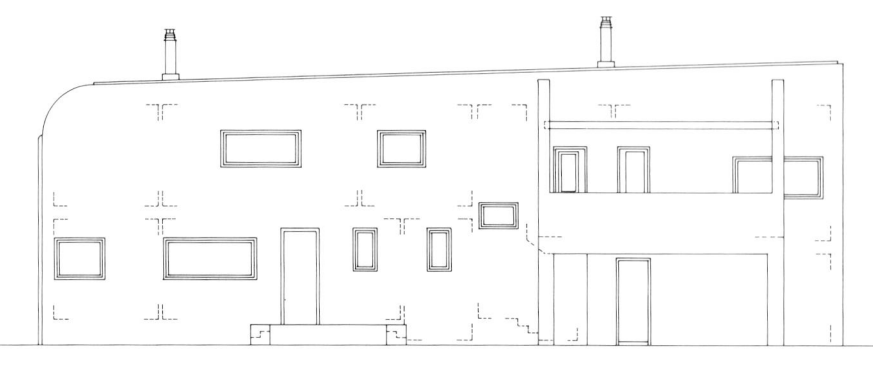

Obergeschoß

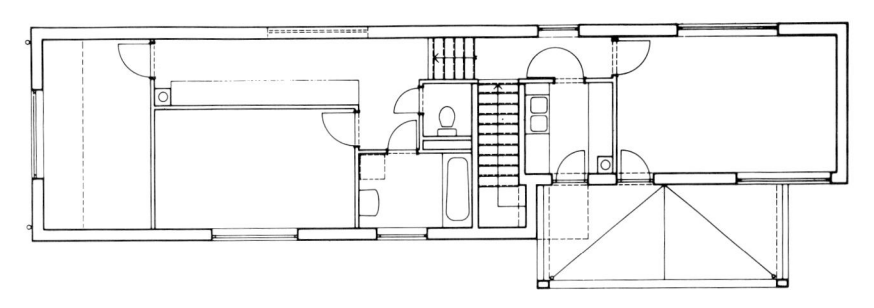

Erdgeschoß

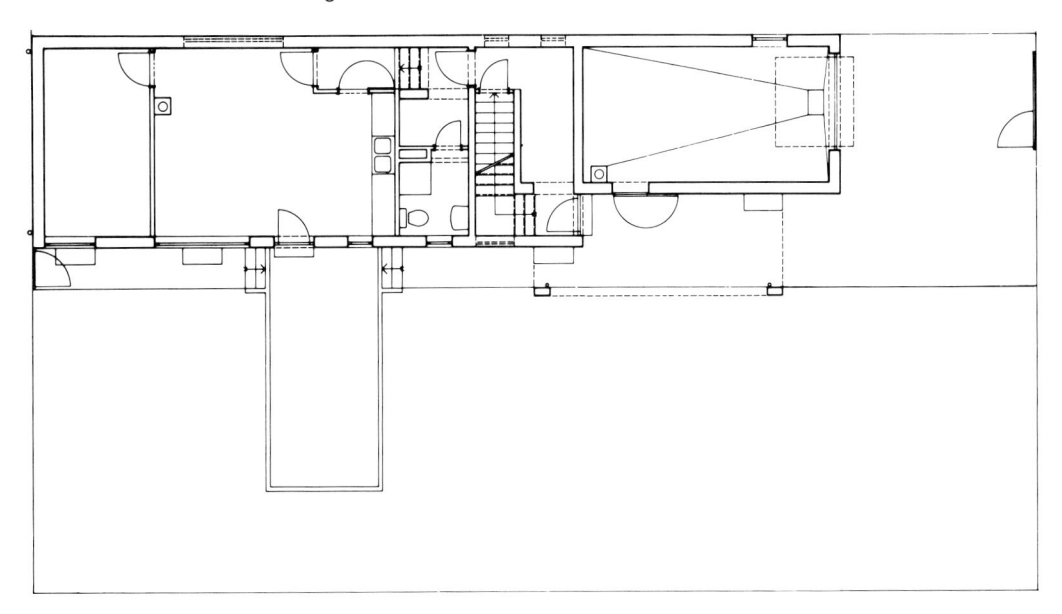

Kellergeschoß

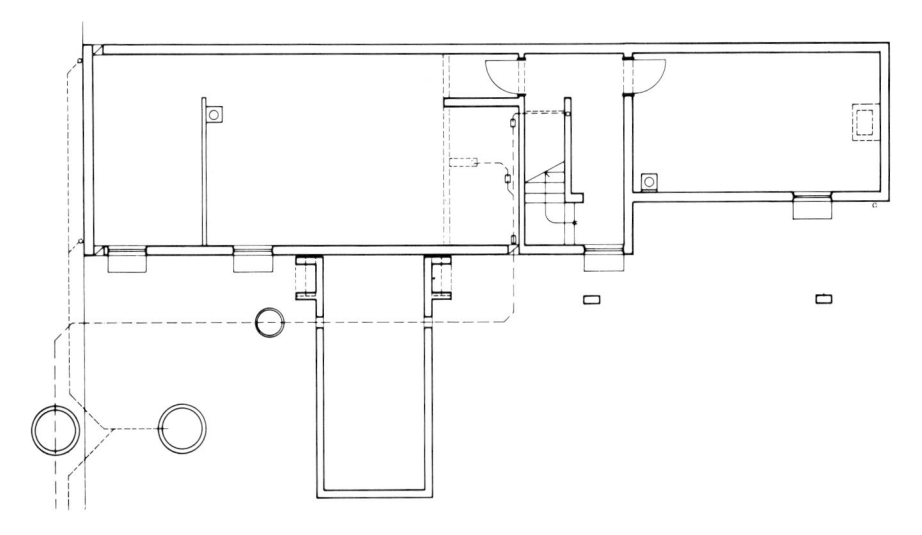

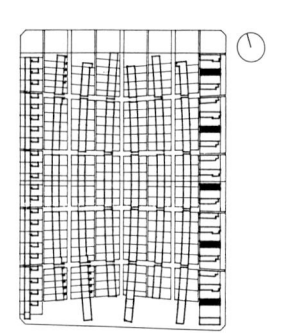

Doppelhaus

Schnitt

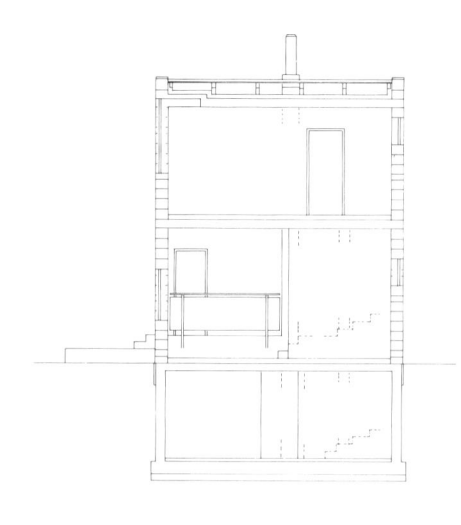

Nord- und Westfassade

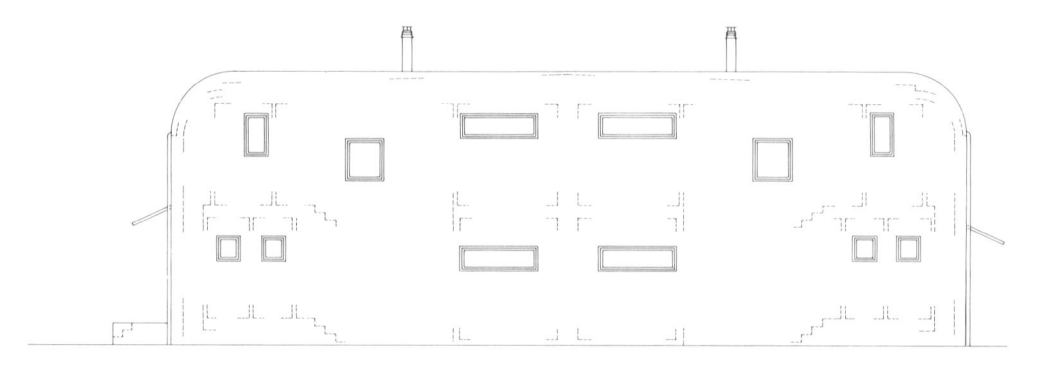

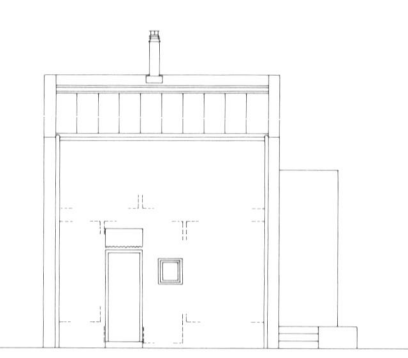

Ost- und Südfassade

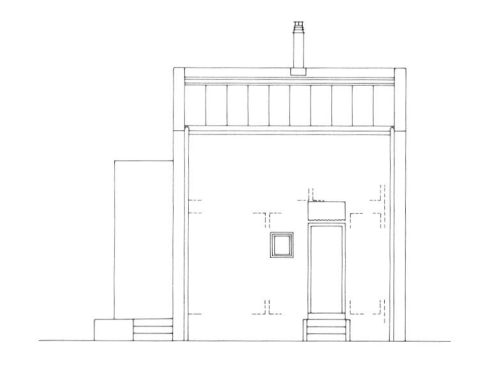

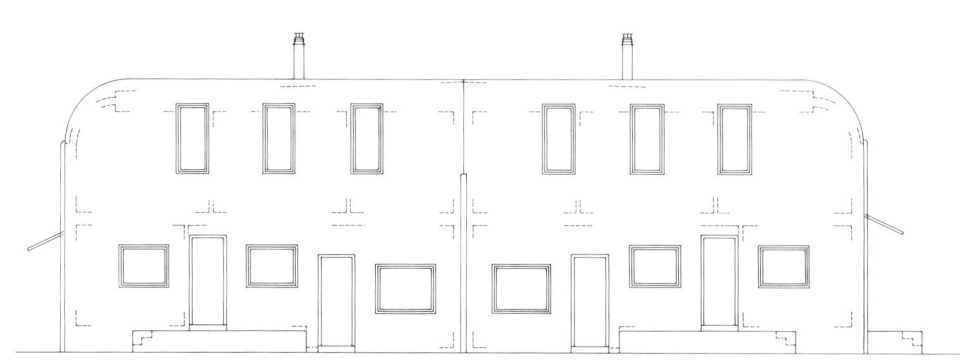

Obergeschoß

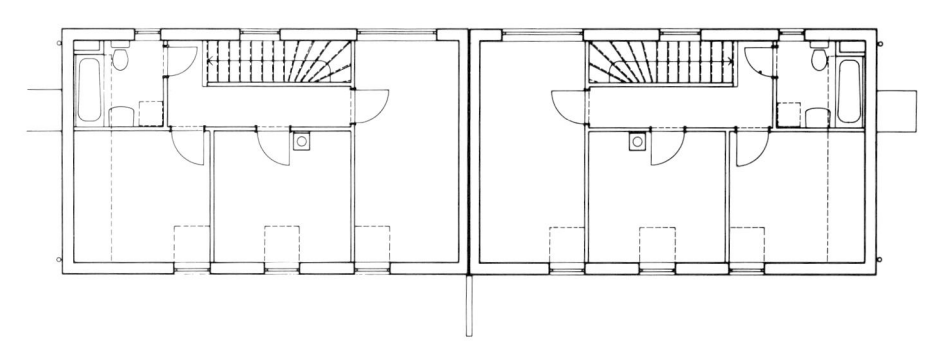

Erdgeschoß

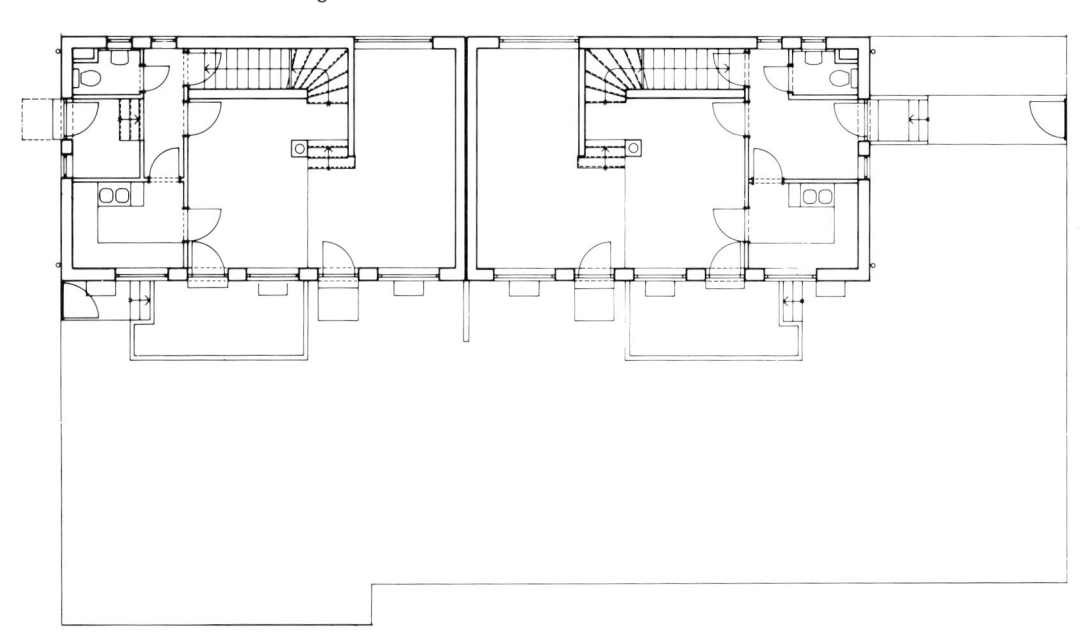

Kellergeschoß

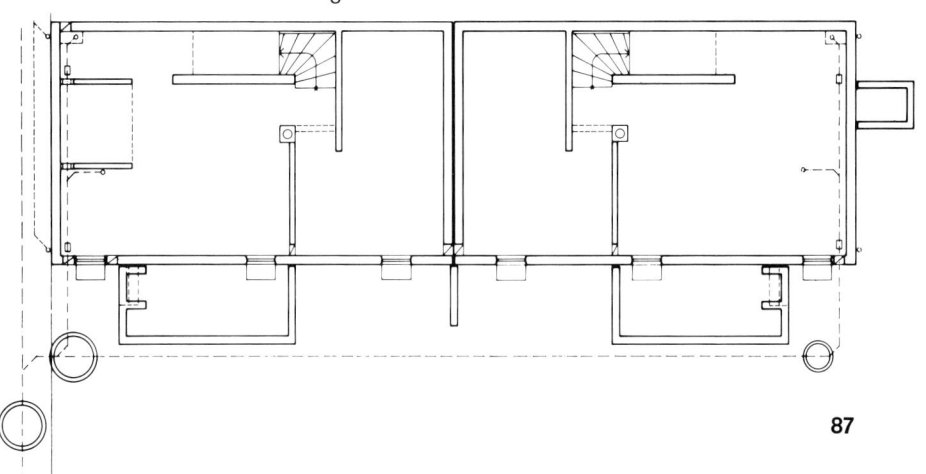

Traufendetail, Regelschnitt

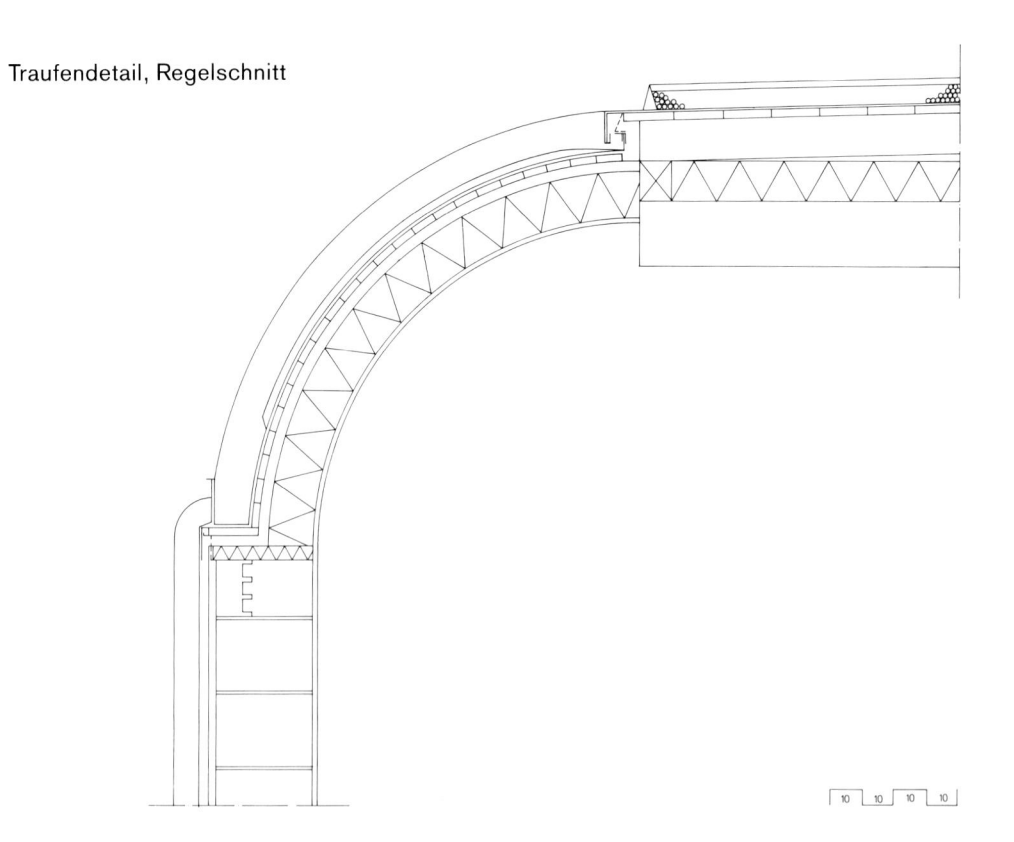

Spenglerdetail, einge-
schnittene Fenster, Ansicht
und Horizontalschnitt

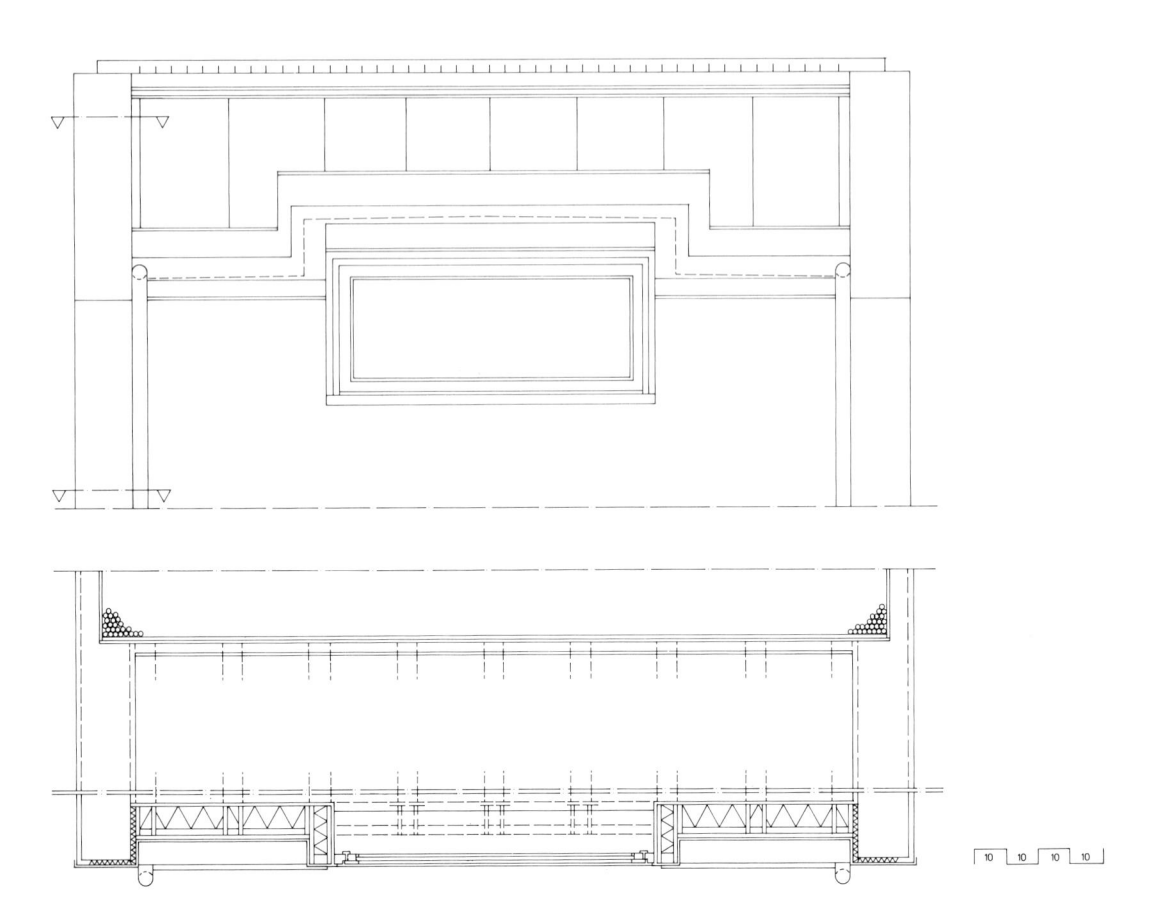

Schlosserdetail, Vordach

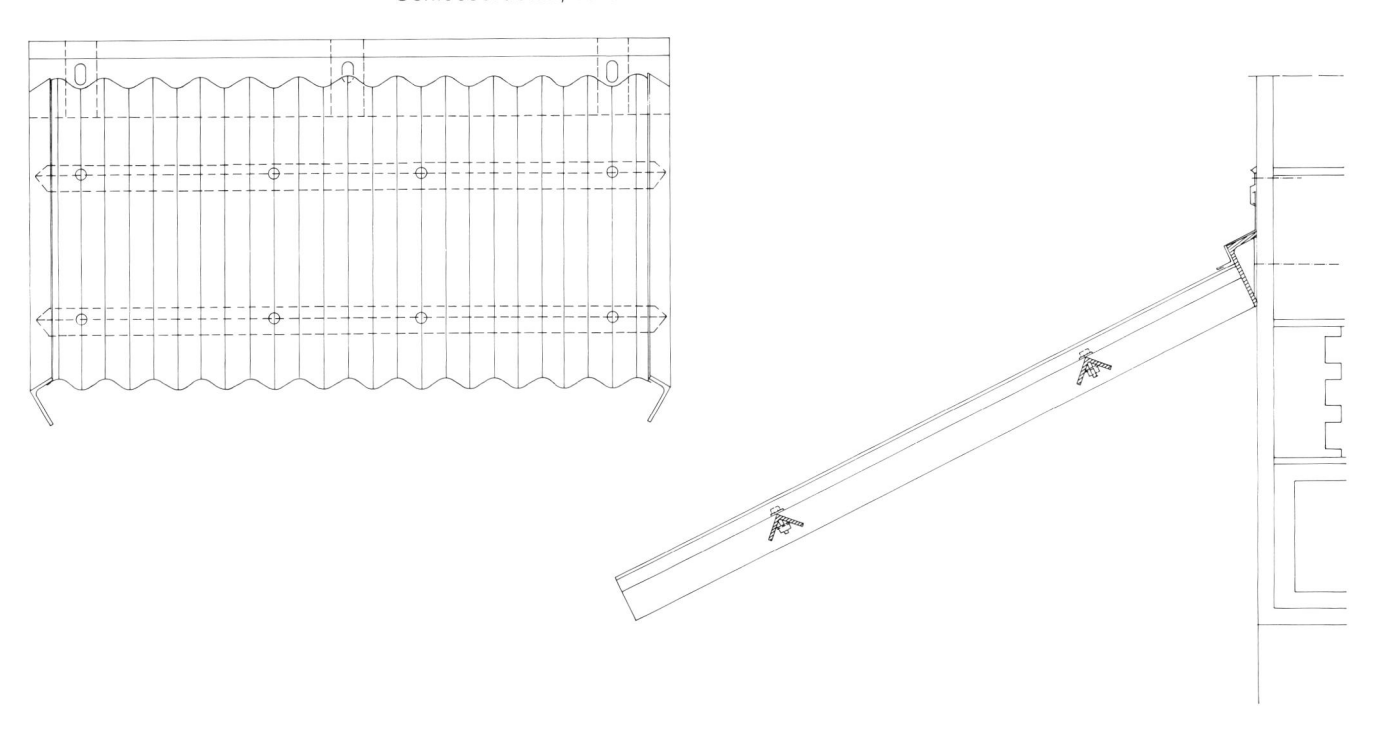

Einfamilienhaus, Pergola-Geländer, Terrasse

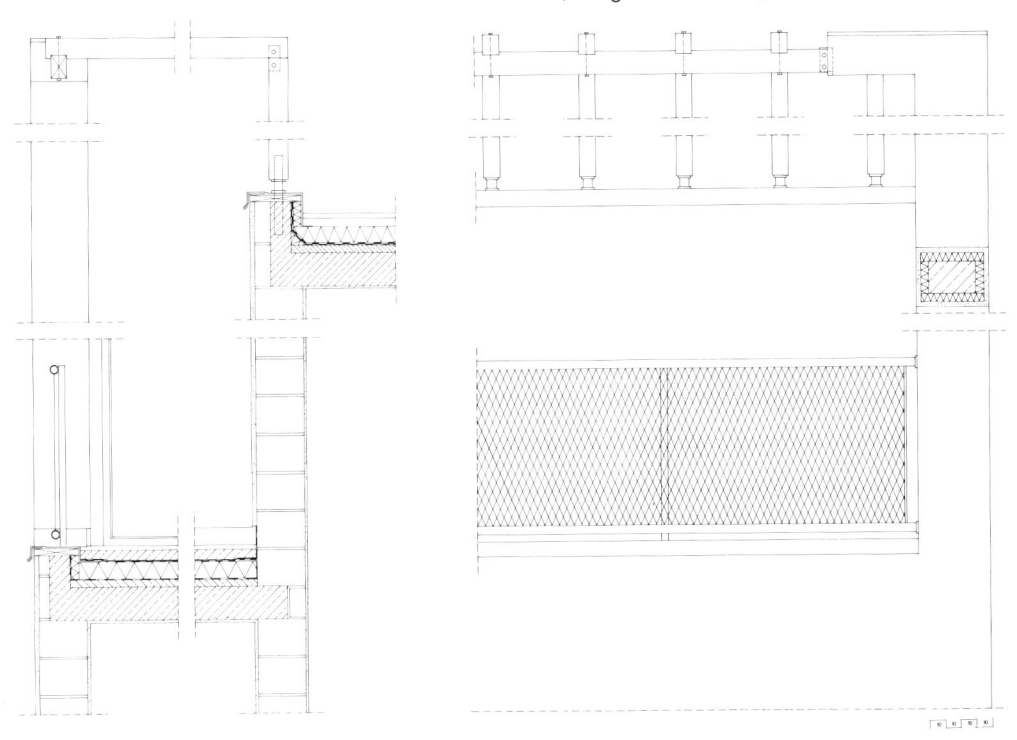

TECHNISCHE DATEN

Adresse:	1220 Wien, Pilotengasse/Hausfeldstraße
Bauherr:	Österreichisches Siedlungswerk, Dir. Dr. Leo Raffelsberger, Prok. Dipl.-Ing. Johannes Fechner
Projektbetreuung:	Werkstatt Wien, Spiegelfeld, Holnsteiner & Co. GesmbH
Architekten:	Jacques Herzog & Pierre de Meuron, Basel. Projektleitung: Gerold Wiederin
	Steidle + Partner, München. Otto Steidle mit Bernd Jungbauer
	Adolf Krischanitz, Wien. Mitarbeit: Gerhard Schlager, Franz Meisterhofer, Karl Peyrer-Heimstätt
Bauleitung:	Ing. Peter Hirn
Spezialisten:	Dipl.-Ing. Röder, Statik; Dipl.-Ing. Dworak, Bauphysik
Farbgestaltung:	Helmut Federle (Herzog & de Meuron); Oskar Putz (A. Krischanitz und O. Steidle)
Projektdaten:	Grundstücksfläche total: 59 650 m²
	Überbaute Fläche: 14 603 m²
	Umgebungsfläche: 45 047 m²
	Bruttogeschoßfläche: 26 178 m²
	Nettogeschoßfläche: 20 194 m²
Raumprogramm:	Total Wohnungen: 201
	Wohnungstypen:
	Einzelhäuser 13
	Doppelhäuser 5 (10 Wohnungen)
	Geschoßwohnungen 6
	Reihenhäuser 35 mit 172 Wohnungen
	Gemeinschaftshäuser 2
	insgesamt 21 verschiedene Wohnungstypen
Konstruktion:	
Fassaden:	30 cm hoch porosierter Hochlochziegel, Verputz KZM, Feinputz-Reinacrylatfarben,
	Kellenwurf ungestrichen
Innenwände:	verputzte Ziegel, GKM Verputz, Dünnwandsteine
Decken:	Elementdecken mit Aufbeton ca. 20 cm
Dächer:	Flachdach mit bituminöser Abdichtung (Kaltdach), Verblechung Zink-Titan
Fenster:	Holz Isolierglasfenster
Heizung:	Fernwärme/Heizbetriebe Wien
Außenanlagen:	Erschließungswege Asphaltfeinbeton, Terrassen Einkornbetonplatten,
	sonstige Freiflächen begrünt
Sonstiges:	Tiefgarage: 129 Stellplätze
Kostendaten:	Gesamtbaukosten inklusive Nebenkosten öS 326 918 000,-
Mietzinse 1992:	ca. öS 60,- pro m²
Planung:	Planungsbeginn: 1987, Baubeginn: 1. März 1989, Bezug: Oktober 1991 bis Januar 1992
Bauzeit:	33 Monate

FARBTAFELLEGENDEN

		Bauteil Herzog & de Meuron, Farbkonzept: Helmut Federle
	1	grau – Wand
	2	schokoladenbraun – Fenster 1. OG
	3	quarzgrau – Fenster Sockelgeschoß und Erdgeschoß
	4	Dokaplex – Dachuntersicht und Loggiaverkleidung
	5	silber – Außengeländer
	6	Duripaneel grau – Sockelverkleidung
		Bauteil Steidle + Partner, Farbkonzept: Oskar Putz
	1	Kratzputz Eingangsfassade
	2	Feinputz Gartenfassade
	3	Alle sichtbaren Dachüberstände, Sparren Dachschalung
	4	Fensterband Gartenfassade, Paneele
	5	weiß – Fensterflügel Normalfenster im Mauerwerk, Giebelfassade
	6	Haupteingang – Eingangsnische mit Haustüren und seitlichen Fensterelementen
	7	Garteneingang – Eingangsnische mit Haustüren
	8	Fenster: Fensterstock – Normalfenster im Mauerwerk
		Fensterstock und -flügel – kleine Fenster im Mauerwerk
		Fensterstock und -flügel – Fenster im Fensterband (Gartenfassade)
		Bauteil Adolf Krischanitz, Farbkonzept: Oskar Putz
	1	weiß – alle Fenster, Schmalwand Reihenhäuser
	2	Einfamilienhaus – Wand
	3	Einfamilienhaus – Pergola
	4	Einfamilienhaus – Geländer, Türen
	5	1½-Familienhaus – Wand
	6	1½-Familienhaus – Türen
	7	1½-Familienhaus – Terrasse (OG)
	8	Doppelhaus – Wand
	9	Doppelhaus – Türen
	10	Doppelhaus – Trennwand
	11	Gemeinschaftshaus – Wand
12–32		Reihenhäuser Kurvenaußenseite
	33	Reihenhaus Endtyp – Pilotengasse (Farbe umfassend)
34–44		Reihenhäuser Kurveninnenseite (bis Reihenmitte, Fortsetzung der Farbreihe spiegelverkehrt)
	45	Reihenhäuser – Stahlrohrsparren (Vordach)
	46	Reihenhäuser – Stirnfläche Stahlrohrsparren
	47	Reihenhäuser – Vordachuntersicht

Herzog & de Meuron

1　　2　　3　　4　　5　　6

Steidle + Partner

1　　2　　3　　4　　5　　6　　7

Adolf Krischanitz

1　　2　　3　　4　　5　　6　　7

17　　18　　19　　20　　21　　22　　23

33　　34　　35　　36　　37　　38　　39

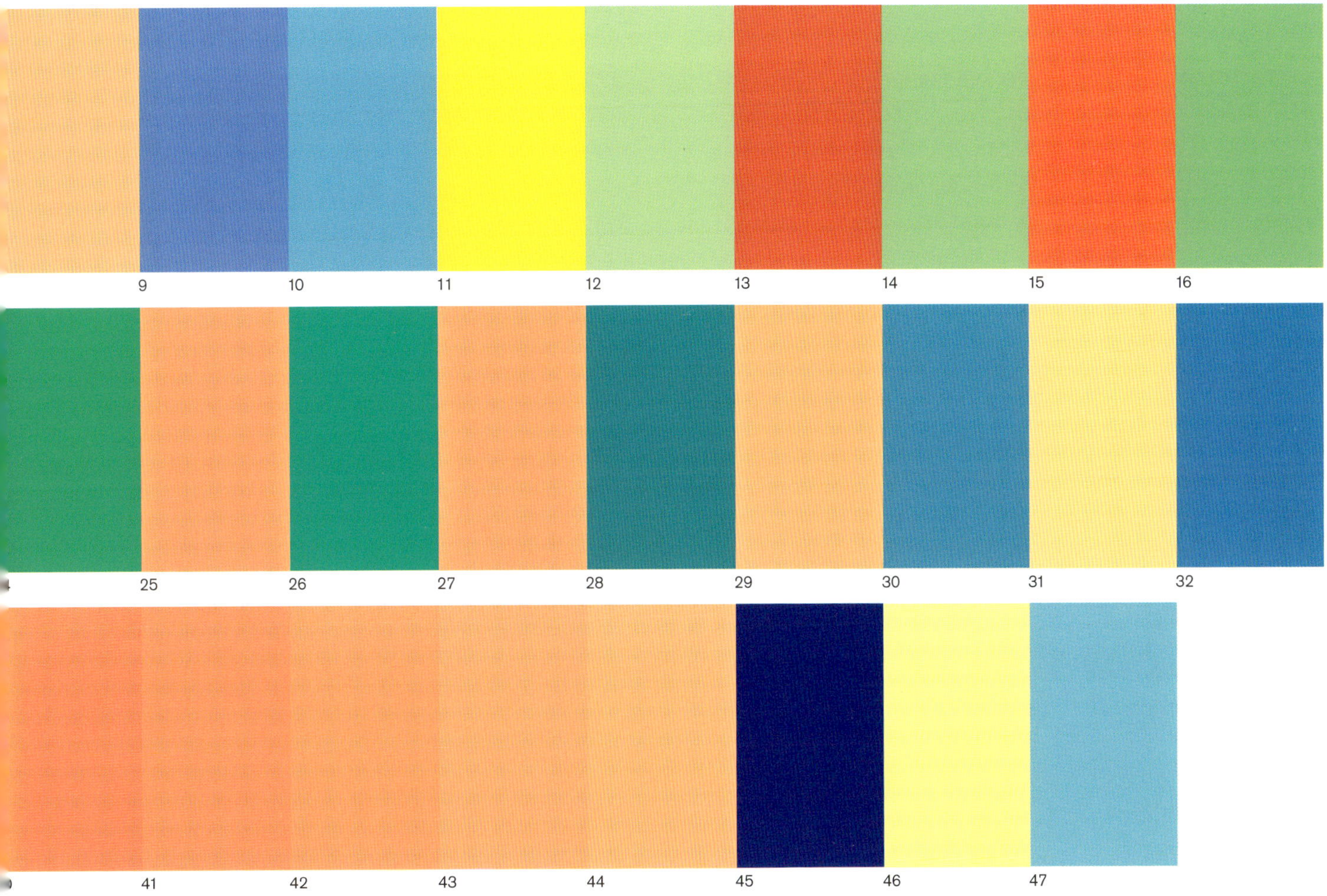

9
10
11
12
13
14
15
16
25
26
27
28
29
30
31
32
41
42
43
44
45
46
47

JACQUES HERZOG & PIERRE DE MEURON

Beide Architekten geboren 1950 in Basel. 1975 Architekturdiplom ETH-Zürich, seit 1978 eigenes Büro Herzog & de Meuron in Basel. 1983 Gastprofessur Cornell University, Ithaca/N.Y., USA. 1987 Kunstpreis (Baukunst) Akademie der Künste, Berlin. 1989 Gastprofessur Harvard University, Cambridge/Mass., USA, 1991 Gastprofessur Tulane University, New Orleans/Louis., USA.

Ausgewählte Bauten und Projekte
1979/80 Blaues Haus, Oberwil-Basel. 1981/82 Foto Studio Frei in Weil, BRD. 1982–1988, Steinhaus, Tavole, Italien. 1984/85 Sperrholzhaus, Bottmingen-Basel. 1985/86 Kunstsammlerhaus, Therwil-Basel. 1986/87 Lagerhaus Ricola, Laufen. 1984–1988 Haus entlang einer Scheidemauer, Basel. 1985–1988 Haus Schwitter, Basel. 1987–1994 Lokomotiv-Depot auf dem Wolf. Basel, 1987–1993 Stellwerk auf dem Wolf, Basel. 1989 Griechisch-Orthodoxe Kirche, Zürich (Wettbewerbsprojekt). 1991 Kulturzentrum in Blois/Loire, Frankreich (Wettbewerbsprojekt). 1990–1992 Haus für eine Sammlung zeitgenössischer Kunst, München. 1992 Gebäude für Museen des 20. Jh., München (Wettbewerbsobjekt). 1990–1992 Antipodes I, Studentenwohnungen in Dijon, Frankreich (zusammen mit Rémy Zaugg).

Ausgewählte Ausstellungen
1979, 1981, 1983, 1986 STAMPA Galerie Basel (Herzog). 1988 Architekturmuseum Basel. 1989 9H Gallery, London. 1990 GTA-Institut, ETH Zürich. Arc-en-rêve, centre d'architecture, entrepôt, Bordeaux. 1990 COAC Barcelona. 1991 Architekturmuseum Frankfurt (Gruppenausstellung für das Projekt Berlin Zentrum). 1991 Kunstverein München. 1991 Architektur-Biennale Venedig, Schweizer Pavillon, Venedig.

Publikationen
Herzog & de Meuron, Architektur Denkform, Architekturmuseum Basel, Basel 1988. Herzog & de Meuron, Barcelona 1989. Herzog & de Meuron, Projects and Buildings 1982–1990, Wilfried Wang/Harvard University, New York 1990. Architektur von Herzog & de Meuron im Kunstverein München, München 1991. Architektur von Herzog & de Meuron, Katalog der Biennale in Venedig 1991, Baden/Bern 1991. Wilfried Wang: Herzog & de Meuron, Zürich 1992.

OTTO STEIDLE

Geboren 1943 in München, 1956–1959 Wirtschaftsaufbauschule in München, 1960–1962 Bau- und Büropraktikum, 1962–1965 Studium an der Staatsbauschule München, Ingenieurschule, 1965 Studium an der Kunstakademie München. 1966 Gründung des Architekturbüros Muhr + Steidle in München. 1969 Diplomarbeit an der Kunstakademie in München. 1969 Gründung des Architekturbüros Steidle + Partner in München. 1974 Mitbegründung der Städtebaugruppe SEP StadtEntwicklungPlanung, 1976 Mitbegründung der Planungsgruppe Bauten für den Elementar- und Primarbereich. EWG-Preis 1976, Auszeichnung. 1979 Professor für Entwerfen und Funktionsplanung an der Gesamthochschule/Universität Kassel. 1981 Professor für Entwerfen und Konstruktion an der TU Berlin. DEUBAU-Preis 1981 und 1988. Architekturpreis Berlin 1989. 1991 Gastprofessor MIT Cambridge, Massachusetts Institute of Technology. 1991 Gastprofessor Berlage-School, Amsterdam. Seit 1991 Professor an der Akademie der Bildenden Künste, München.

Ausgewählte Bauten und Projekte:
1969–1971 München, vier Reihenhäuser. 1971/72 Dachau, Pfarrzentrum Erdweg. 1969–1972 München, Terrassen-Wohnanlage am Herzogpark. 1972–1974 Nürnberg-Langwasser, Elementa-Wohnstraße mit 120 Wohnungen. 1973/74 München, Werkswohnungen und Wohnheime für Gastarbeiter, BMW Dingolfing. 1978/79 Rosenheim, St. Michaelkirche. 1979/80 Marktredwitz, Innerstädtische Bebauung. 1979–1983 Kassel-Dönche, 3 Mehrfamilienhäuser, Beitrag zur Documenta Urbana 1981. 1980–1983 Bonn-Hardtberg, 80 Stadthäuser und Wohnungen. 1980–1982 Kassel, 10 Stadthäuser und 2 Atelierhäuser, Beitrag zur Documenta Urbana 1981. 1982–1984 Berlin, Altenwohnanlage am Schlesischen Tor, Beitrag zur IBA Stadtsanierung.

1982–1984 Berlin, «Grüne Häuser», Beitrag zur Bundesgartenschau 1985. 1982–1984 München, Haus Engler-Hamm. 1984 «Gartenstadt Heidemannstraße», Sozialer Wohnungsbau. 1985–1987 München, Integriertes Wohnen, 100 Wohnungen für Alte. 1986–1989 Hamburg, Gruner + Jahr Verlagshaus (Projektgemeinschaft mit Uwe Kiessler). 1989–1992 Nürnberg, Kreuzgassenviertel, 61 Wohnungen. 1989–1993 Wien, Wienerberg, 2 Wohnanlagen. 1989–1993 Universität Ulm, Bereich West.

Ausgewählte Ausstellungen:
1985 Paris, Biennale. 1986 London, New German Architecture. 1986 Berlin, Aedes Galerie «Seniorenwohnen». 1986 München, Architekturgalerie am Anna-Platz. 1987 Karlsruhe, Frank Werner. 1988 Berlin, «Denkmal und Denkmodell». 1989 Paris, «Temps sauvage et incertain». 1990 München, Wohnmodelle Bayern. 1991 Mailand, Architektursalon (Pilotengasse). 1992 Cambridge, USA – Massachusetts Institute of Technology (Pilotengasse).

Wichtigste Publikation:
Ulrich Conrads, Manfred Sack: Otto Steidle; Reissbrett 3, Berlin/Braunschweig 1985.

ADOLF KRISCHANITZ

Geboren 1946 in Schwarzach/Pongau. 1956–1960 Bundesrealschule in Linz, 1960–1965 Höhere Technische Bundeslehranstalt in Linz, 1965–1972 Studium der Architektur an der Technischen Universität in Wien. 1969 UIA Wettbewerb Buenos Aires «honourable mention». 1970 Gründung der Arbeitsgemeinschaft «Missing Link» zusammen mit Angela Hareiter und Otto Kapfinger. 1974–1987 Lehrauftrag an der Akademie der Bildenden Künste in Wien, seit 1979 freischaffender Architekt in Wien. 1979 Mitbegründer der Zeitschrift UM BAU, 1982 Vorsitzender der Österreichischen Gesellschaft für Architektur. 1986–1988 Mitglied des Gestaltungsbeirates in Salzburg. Seit 1987 Vorstandsmitglied der Wiener Secession. 1988/89 Gastprofessor an der Technischen Universität in München. 1990 Mitglied des Planungsbeirates Bregenz. 1990 Lehrer an der Sommerakademie Karlsruhe. 1991 Präsident der Wiener Secession. 1991 Preis der Stadt Wien für Architektur. 1991 Gastprofessor an der Hochschule der Künste in Berlin.

Wichtige Arbeiten:
1980 Organisation der Ausstellung «Austrian New Wave» (Institute for Architecture and Urban Studies New York). 1983 Renovierung der Wiener Werkbundsiedlung. 1985 Renovierung und Umbau des Gebäudes der Wiener Secession. 1986–1990 Projekt Forellenweg Salzburg. 1987–1989 Haus in Salmannsdorf. 1987–1989 Renovierung und Adaption des Hietzinger Stadtbahnpavillons von Otto Wagner (Stadtbahnmuseum). 1988 Ausstellungspavillon St. Pölten (Geburt einer Hauptstadt) (Bauherrenpreis 1990). 1988–1990 Haus in Pötzleinsdorf. 1989 Organisation und Teilnahme an der Ausstellung Wien-Möbel in der Wiener Secession. 1989 Gutachterverfahren Linz Schillerpark 1. Preis (in Ausführung). 1989 Gestaltung der Ausstellung «Wittgenstein» in der Wiener Secession. 1989 Gutachterverfahren Steirerhof Graz 1. Preis (in Ausführung). 1990 Gestaltung der Festwochenausstellung «Von der Natur in der Kunst» im Wiener Messepalast. 1990/91 Planung der Kunsthalle Karlsplatz, Wien.

Ausgewählte Ausstellungen
1989 Ausstellung «Haus in Salmannsdorf» in der Wiener Secession, 1990 Ausstellung in der Architekturgalerie Luzern, 1991 Teilnahme an der 5. Architekturbiennale in Venedig.

Wichtigste Publikationen:
«Die Wiener Werkbundsiedlung», Dokumentation einer Erneuerung, Otto Kapfinger / Adolf Krischanitz, Wien 1985, «Die Wiener Secession», Das Haus: Entstehung, Geschichte, Erneuerung, Adolf Krischanitz / Otto Kapfinger; Wien 1986.

Friedrich Achleitner
Geboren 1930 in Schalchen, Oberösterreich. Studium der Architektur bei Clemens Holzmeister und Konrad Wachsmann, 1953–1958 freischaffender Architekt, 1958–1964 freier Schriftsteller, Mitglied der «wiener gruppe» und des «literarischen cabarets». 1962–1972 Architekturkritiker der «PRESSE», 1963–1983 Lehraufträge an der Akademie der bildenden Künste, ab 1983 Vorstand der Lehrkanzel für Geschichte und Theorie der Architektur an der Hochschule für angewandte Kunst, Wien. Verfasser zahlreicher Publikatinoen über österreichische Architektur sowie Autor mehrerer Gedichtbände.

Dorothee Huber
Geboren 1952 in Basel. Studium der Kunstgeschichte in Basel. Wissenschaftliche Mitarbeiterin am Historischen Museum Basel (1979–1981), am Institut für Geschichte und Theorie der Architektur an der ETH Zürich (1980–1986) und am Architekturmuseum in Basel (seit 1986). Lehrauftrag an der Ingenieurschule Basel in Muttenz.

Margherita Krischanitz
Geboren 1947 in Schwarzach, Pongau. Seit 1981 freischaffende Fotografin, lebt in Wien. Ausstellungen unter anderm im Museum Moderner Kunst Wien, Secession Wien, Galerie Faber Wien, Architekturbiennale Venedig (Schweizer Pavillon), sowie zahlreiche Publikationen.

Arthur Rüegg
Geboren 1942 in Bülach, Zürich. Studium der Architektur an der ETH Zürich, Diplom 1967 bei Alfred Roth. Arbeit in Frankreich und in den USA, ab 1971 gemeinsames Büro mit Ueli Marbach in Zürich. Publikationen zu Möbel, Farbe, Konstruktion bei Le Corbusier und im Neuen Bauen der Schweiz. Verschiedene Lehrtätigkeiten, seit 1991 Professor für Architektur an der ETH Zürich.

Manfred Sack
Geboren 1928 in Coswig (Anhalt). Studium der Musikwissenschaft und Kunstgeschichte an der Freien Universität Berlin, 1954 Dissertation über den Frühbarock-Komponisten Heinrich Pfender. Seit 1959 Redakteur der Wochenzeitung DIE ZEIT in Hamburg, Schwerpunktthemen Architektur, Städtebau, Design und Photographie. Verfasser mehrerer Bücher über Architektur, Photographie und Musik, Träger verschiedener Auszeichnungen.

Dietmar Steiner
Geboren 1951 in Wels, Oberösterreich. Studium der Architektur an der Akademie der bildenden Künste in Wien, langjähriger Mitarbeiter von Friedrich Achleitner am Österreichischen Architekturführer, zahlreiche Beiträge zur Kritik und Theorie der Stadt und Architektur in internationalen Medien. Zahlreiche Ausstellungen und Publikationen. Seit 1989 eigenes Büro für «Architektur-Beratung» (intern Über-baubüro genannt) in Wien und Betreuung dieser Agenden bei «Achenbach Art Consulting» in Deutschland.

Martin Steinmann
Geboren 1942 in Zürich. 1961–1967 Studium der Architektur an der ETH Zürich, abgeschlossen mit dem Diplom bei Prof. Alfred Roth, anschließend Mitarbeiter von Ernst Gisel. 1968 Assistent von Prof. Adolf Max Vogt und Mitarbeiter am Institut für Geschichte und Theorie der Architektur an der ETH Zürich, 1978 Dissertation über die CIAM. Lehrtätigkeit an verschiedenen Hochschulen, 1979–1986 Redaktor der Zeitschrift «archithese». Seit 1986 Arbeitsgemeinschaft mit Irma Noseda «arge baukunst», seit 1987 Professor für Architektur an der ETH Lausanne.

Bildnachweis
Margherita Krischanitz: Umschlag vorn, 6, 9, 18, 23–41, 43–46, 59, 61, 63, 77, 78. Archiv Herzog & de Meuron: Umschlag Innenseiten, 10 o., 19, 48–57. Archiv Steidle + Partner: 64–73, Archiv Adolf Krischanitz: 80–89. Privatsammlung Arthur Rüegg: 22. Martin Steinmann: 15, 17, 21. Luftreportagen Hausmann, Wien: 4/5. Privatbesitz Basel: 10 u. Werkstatt Metropole Wien Bd. 1/1987: 7. Bauen + Wohnen 33 (1979) H.1/2: 11.